JN437924

향기를 수놓다

| 박성숙 수필선집 |

향기를 수놓다

봉트

그 길에 서 있다

계절을 지나치며 오랜 시간,
한자리에 머무르다 보니 가는 길도 심심치 않다.
오솔길을 걷고, 등나무 아래 앉아 계절을 음미한다.
가장 두려워하던 곳에
가장 오래 머문다는 사실은
글을 쓰지 않고 못 견딜 마음에서가 아니라 오랜 정 때문이었다.
살아가면서,
무엇을 했느냐보다 누구를 만났느냐가 더 중요하게 느껴졌다.
함께 갈 길벗들이 있어 의지할 수 있었다.
그 길에서
인생의 향기를 알았고, 그 향기로 한땀 한땀 수를 놓았다.

1부

은구비

2부

바람의 무늬

3부

우엉 캐는 날

4부

향기를 수놓다

은구비

우리 동네 응봉동

응봉산에 올라 아름다운 불빛을 바라보고 있다. 볼수록 신비롭게 느껴지는 불빛, 그 불빛은 공중에도 떠 있고 땅에도 물속에도 있다. 배불뚝이 오리처럼 보이는 강물이 어찌 보면 만灣 같기도 하고 호수 같기도 한, 이 한강은 밤이라야 제빛을 발한다. 망연히 눈길을 주고 있으면 오래도록 잠자고 있던 내 어렸을 적 추억이 스멀스멀 깨어난다.

여름밤, 더위를 피해 개울가로 나가면 얼마나 많은 별이 반짝이며 나를 유혹했던가. 한 발자국이라도 더 하늘 가까이 다가가고 싶어 언덕에 올라 두 손을 뻗쳐 보며 작은 키를 원망도 했다. 잠도 자지 않고 짚신을 삼아 아이들에게 나누어 주었다는 마음씨 착한 짚신 할머니가 하늘의 별이 되었다는 이야기, 별나라에도 거짓말하고 말 안 듣는 아이는 별똥별이 되어 땅으로 쫓겨난다는 이야기 등. 할아버지의 별에 관한 이야기는 들어도 들어도 신기하고 재미있어 언제나 다시 듣고 싶었다.

나의 하루는 새벽 5시부터 시작된다. 거실에 앉아서도 보이는 산, 1시간이면 넘어갔다 올 수 있는 그 산이 바로 응봉산이다. 나는 그 산을 새벽마다 오른다. 어쩌면 아름다운 불빛이 좋아 새벽잠을 설치며 오르는지도 모른다. 날마다 하늘나라를 동경하며 올려다보던 그 아름답던 별빛이 몽땅 내려와 있는 듯한 느낌이다. 언제 보아도 발아래 불빛은 아름답다는 한마디 말로는 부족해 더 잘 어울리는 표현이 없을까 아쉬움을 느끼곤 한다.

5년 전 이곳으로 이사하던 날이었다. 그때만 해도 이삿짐을 손수 꾸려야 했던 시절이어서 새벽부터 일어나 부지런히 짐을 싸고 있을 때였다. 늦밖에 여동생 내외가 들이닥쳤다. 그들을 보는 것만으로도 힘이 되었다. 제부는 민첩하게 일을 도왔다. 무거운 것도 번쩍번쩍 들어 나르고 깨지기 쉬운 그릇은 조심조심 잘도 다뤘다. 짐이 거의 마무리될 무렵, 제부가 조심스럽게 입을 열었다.

"처형 응봉동을 몇 번이나 가 보셨습니까. 그 아파트에서 내려다보이는 물이 유명한 중랑천이 아닙니까. 여름이면 악취 때문에 견디기 어렵다던데요. 산동네가 많아 지저분하기도 하구요. 또 깡패란 깡패는 다 거기 모여 있다고 하지 않습니까? 잘 알아보고 사셨어야 하는데…"하며 말끝을 흐렸다.

나는 제부가 걱정하는 사연을 이미 들어 알고 있었다. 하지만 그것은 다 지난 일이었다. 중랑천도 맑아졌고 산동네가 없어진 자리에 아파트가 세워지고 있었다. 주변 환경이 날로 정리가 되어가는 것을 본 터였다.

처음 중개인과 그곳을 찾았을 때 집 주인은 살기 좋은 동네라며 이런저런 이야기를 늘어놓았다.

"아파트 앞이 이렇게 확 트인 곳이 좀처럼 없습니다. 성수교 밑으로 반짝거리며 흐르는 물을 거실에서 볼 수도 있구요. 엎어지면 닿을 듯한 응봉산은 봄이면 개나리꽃으로 뒤덮여 볼수록 정겹고 아름답습니다."

그의 말이 아니더라도 나는 단번에 그 집과 주변이 마음에 들었다. 새로 지은 아파트에다 시내와 가깝고 남편과 세 아이의 등하굣길이 편한 곳이어서 조건이 다 갖춰진 셈이었다. 망설일 필요가 없었다. 그날로 계약하고 돌아왔다.

이사를 온 뒤 응봉동은 하루가 다르게 변해갔다. 주변이 신도시처럼 아파트가 들어서고 또 들어섰다. 고르지 못했던 도로도 다시 포장하고 고물상이 있던 자리에 아담하고 예쁜 초등학교가 세워졌다. 오래된 중학교 건물도 새로 건축해 공원처럼 꾸며졌다. 더구나 아침저녁으로 교문을 활짝 열어 주민들의 휴식 공간으로 이용하게 하고 있으니 이보다 살기 좋은 동네가 또 어디 있을까.

남편과 나는 외국에서 손님이 오면 저녁을 먹은 뒤, 바람 쐬러 가자며 그들을 데리고 응봉산에 오른다. 아름다운 야경과 수도 서울 한복판으로 도도히 흐르는 한강을 자랑하고 싶어서다. 외국을 다녀 봤지만, 수도 한복판에 한강만큼 크고 맑게 흐르는 강물을 본 적이 없기 때문이다. 그들의 반응은 대단했다. 감탄과 찬사를 아끼지 않았다. 그 어느 강과도 비교할 수 없이 넓고 아름답고 화려하다며 극찬할 때면 덩달아 으쓱해지곤 했다.

오늘따라 나를 사로잡는 것은 물속에 잠긴 불빛과 자동차 행렬의 불빛이다. 같은 가로등 불이라도 물에 비친 모양은 멀고 가까움에 따라 각기 다른 모양의 그림을 그리고 있다. 산사의 불빛을 닮아있는가 하면 미루나무처럼 길게 뻗은 그림도, 대나무 숲을 그려낸 곳도, 말로는 표현할 수 없는 신비스러움이 물속에 잠겨있어 보는 이의 마음을 사로잡고 있다. 또한 자동차 행렬은 올림픽 도로에도 강변도로에도 꼬부라져 돌아가는 동부간선도로에도 끝없이 줄지어 춤을 춘다. 그뿐이랴. 성수대교를 오가는 자동차 불빛 행렬도 한몫을 하고 날개처럼 벌린 진입로에도 불빛은 이어진다. 이 많은 불빛 모두를 응봉산 팔각정에서 한눈에 내려다볼 수 있으니 자랑하고 또 해도 남음이 있는 우리 동네다.

더구나 봄이 되면 개나리가 온 동산을 노랗게 물들여 더욱 아름다움을 뽐내게 된다. 뒤이어 피어날 아카시아꽃 향기 또한 응봉산에서 시작되어 강으로 마을로 퍼져나가 응봉동 주민들을 감싸 안으니 얼마나 살기 좋은 동네인가.

웬 가방이지

옷을 정리하려는데 낯선 큰 가방이 눈에 띄었다. 웬 가방이지? 아무리 가방을 살펴봐도 누구의 것이 무슨 일로 내 옷장에 들어있는지 생각나지 않는다. 하는 수 없이 들어다 방바닥에 놓고 지퍼를 열었다. 그 속에는 외손녀, 외손자가 어렸을 적 아니 얼마 전까지 입고 쓰던 물건들이 하나 가득 담겨있다. 턱받이, 장갑, 양말, 모자, 장난감, 포대기, 옷과 내복, 기저귀 벨트까지. 깨끗이 빨아 개어서 차곡차곡 쟁여놓은 물건들이 새것처럼 정갈했다. 나는 옷들을 뒤적여 보며 딸애의 생각이 기특하기도 하고 또 지금 젊은이답지 않다는 생각에 웃음도 나왔다.

지난 여름방학 어느 날이었다. 딸애가 두 아이를 데리고 여행에서 돌아오는 것처럼 큰 가방을 끌고 들어왔다.

"조금 한가하기에 옷장을 정리했는데 버리기가 너무 아까워서요. 이다음에 필요할 것 같아서 가지고 왔는데…."

딸은 말끝을 흐리더니 가방을 건네준다

"엄마 마음대로 하세요. 버려도 좋고"

가방을 받아 들면서 정말 이것들을 쓸데가 있을까 생각하며 붙박이장 속에 깊이 넣어 두고 지금까지 까맣게 잊고 있었다.

제 남동생이 있으니 그 애들이 다음에 필요하리라 생각되어 바쁜 중에도 알뜰히 챙겨 가져왔으리라. 하지만 지금 시대가 어떤가. 우리처럼 가난하여 먹을 것 못 먹고 입을 것 못 입고 산다면야 이해가 되고도 남을 일이다. 지금처럼 물자가 흔한 세상에서 살면서 누가 제 아이에게 입던 옷을 입힐 것이며 누나의 마음을 헤아려 고맙다고 여길 것인가. 오히려 손위 시누로서 흉거리만 제공해 주는 것이 아닌가 싶어 마음이 착잡했다.

불현듯 10여 년 전 친정어머니의 옷장을 정리하려던 때가 생각났다. 돌아가신 뒤에 차마 어머니 옷장을 정리할 수가 없어 차일피일 미루다 보니 1년이 훌쩍 지나갔다. 하지만 마냥 그대로 둘 수는 없었다. 어느 날이었다. 여동생들을 불러 어머니 옷장을 정리하자고 할까 생각했지만 모두 바쁠 것이란 생각에 혼자 하기로 마음먹고 날을 잡아 옷장이 있는 시골집으로 내려갔다.

도착하자마자 어머니가 계시던 방으로 들어가 옷장 앞에 앉았다. 그러나 선뜻 서랍을 열 수가 없다. 어머니의 모습이 떠오르고 그리움이 밀려와 앞을 가렸다. 한참을 어머니 생각에 멍하니 앉았다가 마음을 가다듬고 옷장 서랍을 여는데 손이 떨렸다. 생전에 입던 옷과 사용하던 물건들이 잘 정돈되어 가득 담겨있었다.

한 가지 한 가지 들추며 버릴 것과 쓸 것을 정리하려 했다. 그러나 낡고 빛바랜 물건일수록 어머니가 손수 살뜰히 손질해 놓은 것들이라 생각되니 더욱 함부로 할 수가 없었다. 하물며 어떻게 없앨 수가 있단 말인가. 그중에도 더욱 마음을 쓰리게 하는 것들이 있었으니 기억에도 가물가물한 천 조각들이었다.

모본단, 양단, 뉴똥, 포플린 조각이 있는가 하면 오색 천을 반듯하게 같은 크기로 잘라놓은 조각도 있다. 아마도 조각보를 만들고 싶어 잘라놓았다가 바쁘셨거나 조각 개수가 모자라 그대로 보자기에 싸 놓으신 것이 아닌가 생각되었다. 또 삼양라면 봉지가 몇 개 있다. 이 하찮은 것이 왜 들어있을까. 당신이 양품점을 하실 때 도시락 반찬 그릇을 넣어 요긴하게 쓰시던 라면 봉지였으니 모아두었을 것이다.

두꺼운 종이로 만든 버선본, 깃본, 섶본은 각각 크기가 다른 것이 3개씩 누런 한지에 돌돌 말려 보관되어 있다. 버선과 양말은 새것보다 기운 것이 더 많았다. 서울에 와서 처음 해드렸던 빨간색 화학섬유 내복도 부리가 낡고 솔기마다 터진 곳을 감친 자국이 한두 군데가 아니건만 그것조차도 버리지 못하고 옷장을 차지하고 있는 것이 아닌가.

나는 마음이 저미어 오고 목이 메어 왔다. 가엾은 어머니! 생전에 알뜰하셨음을 모르지는 않았지만, 옷장을 보면서 새삼 느끼는 것이 많았다. 이렇듯 당신께 주어진 모든 것을 아끼고 사랑하셨다는 생각에 더더욱 아픈 마음이 진정되지 않았다. 생전에 애지중지 소중히 여겨 모아두었던 것을 어찌 내 손으로 매정하게 버릴 수 있단 말인가. 남이 보아 하잘것없다 할지라도 어머니의 지나온 날들이 속속 배어 있는 물건들이 아닌가.

그뿐이랴. 우리들의 추억까지도 그 속에 녹아 있는 듯 마음이 아렸다.

하나하나 다시 만져보며 입고 쓰셨을 때를 생각하니 도저히 어찌할 수가 없었다. 모든 것을 제자리에 넣어 놓고 어머니에게 하직 인사라도 드리는 심정으로 방을 나왔던 때가 엊그제 같은데 벌써 10년이 지나가 버렸다.

새삼 딸애가 친정어머니를 많이 닮았다고 생각한다. 어려서부터 그랬다. 색종이 한 장도 연필 한 자루도 쥘 수 없을 때까지 썼고 노트도 띄어쓰기를 위해 남긴 칸 이외에는 공간을 남기지 않던 딸애다. 미리미리 준비하는 마음도 외할머니를 닮았고 매사에 빈틈없는 것도, 모든 것을 아끼고 사랑할 줄 아는 심성도 똑 닮았다. 항상 아껴 쓰던 습관이 몸에 배어 귀찮다 생각지 않고 쓰던 물건을 고르고 골라 세탁까지 해서 친정으로 가져왔으리라. 입던 옷이지만 단추 하나 실밥 하나 뜯어진 곳 없고 또 꿰맨 자국도 없는 옷들이다. 귀엽디귀여운 외손녀 외손자가 입던 것들인데 나 또한 소홀히 해선 안 될 것 같다.

어머니가 살아계셔 이 모습을 보셨더라면 얼마나 대견해하시며 칭찬을 해 주셨을까. '잘했다. 잠잘 시간도 모자라는 내 외손녀가 이런 것 챙겨오느라 참으로 수고 많이 했다'라며 등을 토닥여 주셨을 텐데. 나는 생각이 모자라 그때 멍청하게 바라만 보고 있지 않았던가. 그러니 '어머니 마음대로 하세요. 버려도 좋고,' 라는 말을 할 수밖에 없었을 것이다.

딸의 마음을 헤아리며 가져온 것들을 하나하나 방에다 널어놓는다. 방 안 가득 햇볕이 내리쬐며 옷들을 어루만지고 거울에 비친 햇살이 반사되어 오색 무지개를 그려 놓는다. 하루 이틀 볕을 쐬어 보송보송 말린 다음 딸애가 해놨던 것처럼 차곡차곡 개어 가방에 다시 넣어 보관할 것이다.

그리곤 '웬 가방이지?' 하는 일 없도록 '외손녀 외손자 옷'이라고 크게 써 붙여야겠다.

발도 올라갔어요

외손자 정현이가 거실이 좁다 하고 뛰어다니고 있다. 그 활기찬 모습을 보고 있으려니 나까지 힘이 솟는 것 같다. 망아지처럼 잘 뛰어놀던 어린것이 백여 일을 깁스를 하고 묶여 있었으니 그 불편함이 오죽했으랴. 얼마나 견디기 힘들었으면 고개를 숙이고 입을 꽉 다문 채 눈을 하얗게 치켜뜨는 버릇까지 생겼을까. 생각할수록 안쓰러운 일이었다.

남편도 같은 생각이었는지 그 어느 때보다 열심히 정현이와 친구가 되어 놀아주고 있다. 녀석이 외할아버지 방에서 거실로 달려 나올 때마다 슈퍼맨도 되었다가 스파이더맨도 되고 타이거 마스크도 되는 것이다. 외손자에게 알맞은 코디를 해 주고 있는 남편의 감각도 기발하지만, 그에 걸맞게 각기 다른 표정을 지으며 손에 들려있는 도구를 멋지게 휘두르는 솜씨 또한 일품이다. 거실에 앉은 식구들은 녀석의 그 이색적인 쇼를 보면서 박장대소한다. 더구나 테두리가 빨간 체크무늬의 외할아버지 등산모를 거꾸로 쓰고 나온 녀석의 모습은 어찌나 귀엽고 앙증맞던지 그만 달려가 꼭 껴안고 말았다.

여섯 살배기 정현이가 엄지발가락을 다쳤다. 텔레비전에 매달렸다가 함께 떨어지는 바람에 엄지발가락이 부러졌다고 했다. 발가락 하나의 부상인데도 무릎 위까지 깁스를 한 채 병원에서 한 달, 집에 와서도 두어 달 남짓을 벋정다리로 지내야 했으니 참으로 딱하기 이를 데 없었다. 좋아하던 운동은 물론, 유치원도, 놀이터에도 못 가고 감옥 아닌 감옥살이를 하다가 엊그제야 비로소 깁스를 풀었다. 지금 녀석의 마음은 하늘에라도 날아오를 것 같은 기분이리라.

지난여름 찜통더위가 한풀 꺾일 무렵이었다. 정현이를 병원에 입원시켰다며 딸애가 울먹이며 전화했다. 한걸음에 병원으로 달려갔다. 병실 문을 열고 들어서니 큰 침대 위에 더욱 작아 보이는 녀석이 환자복을 입고 누워 있다. 나를 보자 '외할머니' 하며 반가워하더니 그 경황에도 병원 옷이 너무 크다며 투정부터 시작했다. 나는 얼른 녀석의 옆으로 다가가며 "어떻게 된 거야, 텔레비전엔 왜 매달렸어. 큰일 날 뻔했잖아."라고 말하며 울상을 짓고 있는 녀석을 쳐다봤다. 순간 녀석은 눈을 크게 치켜뜨고 고개를 갸웃거린다.

"아니에요, 발도 올라갔어요. 스파이더맨 놀이를 했는데요."

장한 일이라도 한 듯한 표정으로 아픈 것도 잊었는지 팔을 허우적거리며 기어오르는 시늉까지 했다.

나는 할 말을 잊었다. 거미 흉내를 냈다면 손과 발로 텔레비전에 기어오르다가 함께 떨어졌다는 말이 아닌가. 새삼 가슴이 섬뜩해 왔다. 옛말에 어린아이는 위험이 닥칠 때마다 삼신할머니가 돌봐준다고 하더니 정현이야말로 살펴준 것이라고 믿어졌다. 다친 곳을 보고 있는데 딸 내외가 힘없이 들어섰다. 표정이 어두워 보였다. X-레이 촬영을 보고 난 의사가 수술해야 한다고 했단다. 그 작은 발가락에 텔레비전이 떨어졌으니, 뼈가 조각난 데다 어긋나 있고 조직까지 파괴되어 전신 마취를 하지 않고는 수술을 할 수가 없다는 것이었다.

곧바로 수술이 시작되었다. 2시간이면 될 것이라던 수술이 4시간이 더 걸렸으니 그동안의 초조했던 마음을 어찌 말로 다 하랴. 그런데도 만족할 만큼 잘되지 않아 더욱 조심해야 하고 뼈가 붙기까지는 시간이 많이 들겠다고 한다. 발가락 중에도 엄지는 힘을 많이 받는 곳이라 걱정이 이만저만 되는 것이 아니었다.

마음 아리고 더디게만 느껴지던 그 어렵던 날들도 결국은 다 지나갔다. 녀석은 신통하게도 오랜 시간 다리를 뻗은 채 잘 참아 주었다. 책상 앞에 앉아 그림도 그리고 퍼즐 놀이도 하고 글씨도 배우면서 잘 견뎌냈다. 다행히 새해가 되기 전에 깁스를 풀고 홀가분한 몸으로 외갓집에도 오게 되었다.

녀석은 외갓집에 오면 외할아버지만 찾는다. 녀석의 말을 빌리면 외할아버지는 제 수준에 딱 맞는 친구란다. 게임, 놀이, 만화 주인공의 이름도 모두 알고 있는 외할아버지가 최고라며 외갓집에 오기 전 전화로 예약을 하니 꼼짝없이 녀석의 친구가 될 수밖에 없다.

그런 정현이가 몇 달 만에 외할아버지와 만났으니 놀이에 한 맺힌 아이처럼 별별 놀이를 다 기억해내어 끝없이 놀자는 데는 외할아버지도 그만 지친 표정이다. 좀 쉬었다가 하자고 항복하는 시늉을 해도 녀석은 막무가내다. 얼마나 뛰고 놀았는지 녀석의 이마에 땀이 줄줄 흘러내리고 입었던 옷도 하나하나 벗어 던져 속 옷 바람이다. 하긴 '발도 올라갔어요'라고 자랑삼아 말하는 만 4살밖에 안 된 녀석에게 먹고 뛰어노는 일이 전부가 아닌가.

지칠 줄 모르고 또 다른 모습으로 달려 나오는 녀석을 바라보며 다시는 마음 아픈 일이 없기를 빌어본다.

악양루에 오르다

멀리 '악양루'가 보인다. 남편의 발걸음이 빨라졌다. 더 가까이서 빨리 보고 싶은가 보다. 나는 선선히 따라가며 말로만 듣던 '악양루'를 자세히 감상한다.

악양루는 중국 호남성 악양시 서문 성루 위에 서 있다. 3층으로 된 누각은 층마다 추녀의 네 귀가 옛 여인들의 버선코처럼 하늘을 향해 맵시 있게 들려있어 운치를 자아낸다. 또 층마다 황금색 띠를 두른 채색이 추녀의 네 귀와 아주 잘 어울린다. 3층을 덮은 투구 모양의 지붕 또한 흔히 볼 수 없는 건축양식인데다 주변의 아름다움과 푸른 산이 어우러져 한껏 멋스러운 모습이다.

남편은 유난히 이번 중국 여행을 기다렸다. 악양루와 동정호, 고향만큼이나 가고픈 곳이란다. 얼마나 배경이 아름답기에 시인 두보가 악양루에 오르면서 첫눈에 매료되어 「등악양루」라는 명시를 남기게 되었는지 같이 느껴보고 싶다고 했다.

한시를 좋아하던 남편은 두보의 「등악양루」를 고교 시절에 한문 선생님께 배웠다고 했다. 한시로 된 이 오언율시가 큰 감동으로 다가와 그 밤으로 다 외우고 쓰게 되었다며 옛 한문 선생님이 그리워진다고도 했다. 그때 함께 배운 친구도 이번 여행에 같이 떠나게 되었고 남편은 무척 기대에 차 있었다.

마침내 악양루에 올랐다. 그런데 초서인 듯했지만, 이상하게 낯설어 보이는 큰 글씨가 눈길을 끌었다. 「등악양루」를 마오쩌둥이 썼다고 하며 자랑스럽게 가이드는 말했다. 그가 이곳에 와서 두보의 한시가 마음에 든 나머지 그 자리에서 휘호를 내려주었다고 했다. 그것을 소중히 여겨 즉시 현판에 새겨 모든 사람이 볼 수 있도록 잘 보이는 곳에 붙였다는 것이다. 그러나 내 눈에는 시의 품위와 어울리지 않는 필체였다. 그가 쓴 「등악양루」가 벽을 반이나 차지하고 있고 정작 두보의 시 「등악양루」는 조그만 글씨로 한옆에 부속물처럼 붙어있는 것이 아닌가. 왠지 명시를 남긴 두보가 푸대접을 받는 것 같아 마음이 아팠다.

가이드는 한시를 가느다란 막대기로 짚어가며 풀이하기 시작했다. 그러나 시의 해설은 내가 들어도 영 시원치 않았다. 보다 못한 친구가 남편의 등을 떠민다.

"야 두보의 시 다 베린다. 니 가만히 보고 있을 끼이가. 이 시는 니 전문 아이가. 제대로 된 해설 한 번 좌악 뽑아보믄 어떤노"

남편이 난감해 뒤로 물러나며 뿌리치고 있으니 가이드가 자기 손에 들려있던 막대기를 재빠르게 남편의 손에 쥐여준다. 난간까지 가득 들어찬 사람들의 시선이 남편에게 집중되었다. 친구의 성화를 못 이기겠다는 듯 남편은 한 걸음 다가서더니 차분히 해설을 시작했다.

급작스러운 일에 나는 마음이 조마조마했다. 준비도 없이 많은 사람 앞에서 혹여 더듬거리며 실수나 하지 않을까 걱정이 앞선 것이다. 하지만 걱정도 잠시였다. 남편은 꼭 어제 배운 시구처럼 거침없이 읽으며 해설해 나갔다. 한 줄 한 줄 읽고 해설할 때마다 박수가 터져 나왔다. 그 박수 소리를 들으며 남편은 힘이 솟는 모양이다. 목소리에 힘이 더해지고 평상시에 들려주던 「등악양루」의 해설보다 훨씬 더 좋은 시처럼 느껴질 만큼 해설하고 있다. 또 두보가 그 시기에 그 외에도 많은 시를 써 남겼다는 이야기와 그 무렵 그가 처해있던 복잡했던 마음과 병들어 외로웠던 심성까지를 해설에 덧붙였다. 모두 생각지도 못했던 명시를 감상하게 되었다며 기뻐했다. 이날을 위해 오랫동안 연습해 온 것처럼 한시 해설을 마쳤다. 박수 소리가 악양루를 흔들며 오래오래 그칠 줄 몰랐다. 친구가 또 한마디 했다.

"봐라, 니 잘했다. 명시를 많은 사람에게 알려 줘야지, 혼자만 알고 있으문 벌 받는다카이"

친구의 표정이 꼭 어릿광대같이 보였다. 우리는 흥분된 마음을 가라앉히며 3층으로 올라갔다. 가이드는 비로소 악양루에 관해서 설명을 시작했다. 악양루는 두보의 시 「등악양루」로 유명해졌지만 '동정호'로 인해 더욱 명승지가 되었단다. 또 무한의 황학루와 남창의 등왕각과 함께 강남 3대 누각으로 그 이름이 알려진 곳이란다. 그런데 다른 누각에 비해 이곳을 더 많은 사람이 찾게 되는 이유는 단 한 가지 넓고 깊은 동정호 때문이다. 물이 너무나 맑아 그곳을 찾는 이들의 마음마저 맑게 해 주니 자연히 시상이 떠오를 수밖에 없다는 것이다. 그러기에 악양루는 생전에 꼭 한 번은 가 봐야 한다고 천하의 시인들과 묵객들 사이에 정평이 나 있는 곳이라고 했다. 또 이곳을 노래한 많은 글이 후세에 전해지고 있으니 3대 누각 중 악양루가 단연 으뜸으로 꼽을 수밖에 없다고 했다.

또 이 누각을 지을 때 못을 쓰지 않고 나무를 깎아 끼워 맞췄기 때문에 구조역학적인 면에서도 걸작품이라는 설명이었다. 누각 주위에는 야트막한 산이 정겹게 누워있다. 왼쪽으로 삼취정, 오른쪽으로 선매정, 두보정이 서 있고 서대문, 악양문 등이 그 자태를 뽐내는 더할 나위 없이 멋있는 곳이라고도 했다.

눈을 돌려 앞쪽을 보니 담수호인 동정호가 끝없이 펼쳐져 있다. 비릿한 냄새만 풍겼다면 꼭 바다로 착각할 만큼 하늘에 잇닿은 넓은 호수였다. 중국에서 두 번째로 넓은 담수호라고 한다. 호남성내에 농수, 상강, 원수, 자수의 4개의 큰 하천이 흘러들었다가 양자강으로 빠져나가고 있으니 우리가 알고 있는 의미의 호수가 아니라 양자강의 줄기라는 것이다. 하지만 그 형태가 호수처럼 보여 담수호라 불리는데 이 호수에는 큰 배도 들고 나고 호수 안에 작은 섬 군산까지 왕복하는 여객선도 있었다. 또 큰 물고기가 많아 그 지역 주민들의 생계에도 도움을 주는 '동정호'라며 자랑이 대단했다.

멀리 수평선을 바라본다. 잔물결이 햇볕을 받아 반짝이며 부서지고 새들도 유유히 날고 있다. 하늘빛을 닮은 맑은 물빛, 끝없이 펼쳐진 호수,

물결을 가로지르는 돛단배도 한가롭다. 하늘과 땅, 낮과 밤이 함께 머무는 곳이라고 표현했을 만큼 넓고 멋진 장관을 바라보면서 악양루를 내려가려니 아쉬움이 컸다.

두보의 병들고 외로웠던 마음을 되새기며 '등악양루'를 한 번 더 읊어보았다.

登岳陽樓 (등악양루)

昔聞洞庭水 今上岳陽樓(석문동정수 금상악양루)

吳楚東南坼 乾坤日夜浮(오초동남탁 건곤일야부)

親朋無一字 老病有孤舟(친붕무일자 노병유고주)

戎馬關山北 憑軒涕泗流(융마관산북 빙헌체사유)

옛날에 동정호에 대해 들었더니
이제야 악양루에 오르는구나
오나라와 초나라가 동남으로 갈라졌고
하늘과 땅, 낮과 밤이 함께 떠 있구나
친척 친구 한 자 소식 없으니
늙고 병든 이 몸은 외로운 배뿐이로다
북쪽에 전쟁이 한창이니
난간에 의지해 눈물을 흘리노라

미완성 합창발표회

허리를 펴고 벽을 향해 누웠다. 하얀 벽 위에 걸려있는 달력에 눈이 간다. 6월 12일, 파란 글씨에 빨간색 동그라미가 선명하게 그려져 있다. '합창단 정기발표회'란 글씨도 또렷하게 보인다. 지난해 12월 새 달력을 보는 순간 제일 먼저 색연필로 표시해 둔, 뜻있는 날이었다. 잠시 슬픔 같은 것이 스쳐 간다.

멋스럽고 깔끔하게 단장한 교정, 오솔길을 따라 걷고 있는 수강생들, 등나무 밑의 긴 의자, 406호 실을 가득 메운 단원들, 반주 선생님, 교탁 앞에 앉은 지휘 선생님의 모습, 별안간 큰 소리가 들려온다.

"왜 이래? 그 소리가 아냐!"

선생님의 호통치는 소리, 불혹을 넘은 주부 학생들의 긴장된 모습, 무슨 항변이 나올 듯하지만 진지한 선생님의 눈동자나 이마에 맺힌 땀방울을 보면 그만 압도되어 어쩔 줄 모른다. 공연을 며칠 앞두었던 우리 합창단의 연습 장면이다. 가사, 음정, 박자, 틀리지 않으려고 최선을 다하는 수강생들과 교탁을 탕탕 치며 온 힘을 다해 지휘하는 선생님의 열띤 장면이 한순간에 스쳐 간다. 아직 음정이나 리듬이 완벽할 수는 없지만 그래도 힘겨운 연습 끝에 세 파트의 노래가 은은히 울려 퍼지면 그 멋진 화음에 우리 스스로가 너무나 대견스러워 활짝 웃음꽃을 피운다. 저마다 어렵고 복잡한 집안일이 머릿속에 가득할 텐데 저토록 합창 연습에 무아지경인 단원들, 나처럼 꿈 많던 소녀 시절에 못다 한 소망을 맘껏 풀어 보려는 몸부림이 아닐까.

지난해 봄 학기부터 우리는 "합창단 정기발표회"란 타이틀을 정해 놓고 많은 연습을 해오고 있다. 정기발표회를 하기 위해 선생님의 엄명이 내려졌다. '본인 사망 이외엔 출석' 결석하면 안 된나는 병령이었다. 합창은 그래야 했다. 한 곡 두 곡 연습한 곡이 봄가을 학기를 통해 20여 곡이나 된다. 물론 그 많은 곡을 다 부를 것은 아니다. 우리 목소리에 어울리고 소화해 낼 수 있는 곡을 선정해서 부를 예정이다. 노래 부르는 틈틈이 공연 장소를 물색해 계약해 놓았다. 대단한 잔치라도 벌이는 것처럼 꿈에 부풀어 행사에 필요한 모든 준비를 빠짐없이 하고 있었다.

그러나 어려움은 한둘이 아니었다. 단원 모두가 주부이기 때문이다. 웃어른을 모셔야 함은 물론, 남편과 자식들 뒷바라지, 집안 대소사의 잡다한 일들, 모두가 우리 주부들이 소홀히 할 수 없는 중요한 것들이다. 그뿐이 아니다. 청소며 빨래, 반찬 준비, 어느 것 하나 주부의 손이 필요치 않은 곳이 없다. 복잡한 여건 속에서도 나를 발견하고 내 생활도 병행한다는 것은 결코 쉬운 일이 아니다. 더 배우고 싶은 욕망, 젊은이들 못지않게 아직도 끓는 열정이 가슴에 남아있어 우리는 열과 성을 다하여 가정을 돌보며 자기 생활을 풍성하게 영위하는 것이다. 더구나 합창이란 혼자서는 할 수 없는 것, 그러기 때문에 더욱 내가 빠질 수 없다는 사명감이 앞선다. '결석자가 없어야 하고, 단원의 수가 줄어서도 안 된다'라는 첫째 조건이 우리에게는 힘들고 어려운 일이다. 또 그 많은 노래의 음정, 박자, 가사 이외의 모든 섬세한 부분까지를 암기해야 한다. 처음부터 악보 없이 무대에 서는 것은 우리 합창단의 특기이기 때문이다. 그러나 여러 차례의 공연을 해냈고 또 할 수 있다는 자신감에 차 있는 단원들의 눈빛을 보면 더욱 힘이 솟는다.

그 열심이던 합창단 수업이 수강료 문제로 본의 아니게 중단되었다. 차곡차곡 쌓아 올린 탑이 허무하게 무너져 내렸다. 6월 12일의 빨간색 동그라미가 아무 의미가 없는….

어떻게 이럴 수가 있을까. 처음에는 공연히 억울하기도 해서 마음을 달래느라 무던히도 애를 먹었다. 그리고 단원들을 만날 수 없다는 생각에 몹시 허전했다. 단복을 입고 생기발랄하게 떠들던 모습, 무대 뒤에서 차례를 기다리며 긴장된 마음을 달래느라 서로의 어깨를 두드려 주던 따뜻한 마음들, 영하 15도의 날씨에도 한 명의 낙오자 없이 맹연습하던 단합된 모습, 아름다웠던 추억들이 꼬리에 꼬리를 문다.

허전한 마음을 달래느라 합창이 녹음된 테이프를 틀었다. 「베르디의 대장간의 합창곡」이 힘차게 울려 퍼진다. 너무나 열심히 연습했기에 더욱 가슴을 파고드는 합창, '어둠의 장막을 헤치고 새날의 밝은 빛 동쪽에 비쳐오도다.' 장엄하고도 생동감 넘치는 화음, 합창곡에서나 맛볼 수 있는 하모니가 집안 가득 넘쳐흐른다. 활력, 아름다운 하모니, 이 모든 것이 느슨해진 주부 학생들을 매혹했나 보다. 지칠 줄 모르는 파도처럼 밀고 밀리며, 끌고 당기며 서로를 아껴주고 서로를 이해하며 오래도록 합창단에 머물고 싶었는데….

어렴풋이 합창 소리가 들려오는 듯하다.

'축, 잔을 들라 축, 잔을 들면 나의 팔뚝에 기운이 솟네, 우리는 즐거운 집시의 대장간. 노래를 부르면서 일하자. 노래, 노래 부르며 일하자. 집시의 날을. 집시의 날~을.'

우렁차게 합창은 끝났다. 쏟아지는 박수 소리, 지휘 선생님은 돌아서서 청중들을 향해 인사를 하고, 우리는 박수로 답례를 한다.

아, 어찌 이런 환상이….

은구비

구불구불한 논둑길을 따라 들판 깊숙이 와 있다. 미풍에 벼 이삭이 흔들리는 소리가 속삭임처럼 들려오고, 날갯짓도 멈춘 채 유유히 떠도는 고추잠자리의 비행이 만추의 가을을 찬미하는 듯 허공을 수놓고 있다. 작고 큰 풀벌레들의 울음, 멀리 가까이 들려오는 온갖 새들의 지저귐을 들으며 한없이 가을 속으로 빠져든다. 무수히 피어 있는 들꽃들의 축제, 야트막한 언덕에서 손짓하며 부르는 은빛 갈대, 이 호사스러운 향연에 나 자신도 잊은 채 어느새 비탈진 언덕을 오르고 있다. 후드득, 반사적으로 소리 나는 곳으로 뛰어간다. 알밤이 떼구루루 구르다 길섶에 멈춘다. 윤기 흐르는 알밤을 주워들고 밤나무를 올려다본다. 크고 작은 밤송이가 각기 다른 모양으로 앙증맞게 입을 벌리고 매달려 있다. 벌써 아람이 벌어지는구나. 나는 또 알밤 떨어지기를 기다리는 아낙처럼 밤나무 밑 그늘에 슬그머니 주저앉는다.

방금 지나온 들이 한눈에 내려다보인다. 저 아름다운 들을 지나왔구나. 황금물결 출렁이는 들은 지나올 때보다 훨씬 곱고 아름답다.

서울서 멀지 않은 곳. 양평군 청운면 용두리 안에 작은 마을. '은구비'와 인연을 맺게 된 지 여러 해가 되었다. 친정 부모님의 부탁으로 이 동네에 집을 마련해 드리고 가끔 오가게 되었지만 어쩐지 내 고향만큼 정이 가는 곳이다. 집에서 몇 발짝만 나서면 맑게 흐르는 개울에 징검다리가 놓여 있고 하얀 돌로 정연하게 쌓아 올린 개울둑이 인상적이다. 나는 여기에 올 때마다 몇 번이고 징검다리를 건너보기도 하고 물고기들이 노니는 것을 지켜보기도 한다. 더구나 돌다리를 비켜 흐르는 맑고 고운 물소리는 마음을 촉촉이 적셔주는 노랫소리다.

아름다운 들, 맑게 흐르는 물, 청초한 들꽃이 있어 좋은 곳이지만 '은구비'라는 마을 이름을 더 좋아한다. 처음 그 이름을 들었을 때 마음에 꼭 드는 이름이었다. 낙엽이 다 진 늦가을 어느 날, 뒷산 제일 높은 봉우리에 올랐을 때였다. 마을을 내려다보다가 이상한 것을 발견했다. 하얀 선 두 줄기가 또렷하게 굽이굽이 산모롱이를 돌아가는 것이 보였다. 두 선은 합쳐지지도 더 멀어지지도 않고 다정하게 달려가는 모습이 신비스럽기까지 했다. 그중 한 선은 한길인 것을 금세 알 수 있었지만, 또 한 선은 물줄기였음을 조금 후에야 깨닫게 되었다. 흐르는 개울물이 햇볕에 반사되어 은빛으로 비친 것을 신기한 것이나 발견한 것처럼 "그래, 은구비 꼭 맞는 이름이야!" 나도 모르게 큰소리로 외쳤다.

남편이 정년 퇴임하면 이곳 은구비 마을에 와서 살고 싶다. 수려하거나 빼어난 곳은 없어도 평화롭고 조용한 마을, 어렸을 적 살던 그런 평범한 시골 마을이기에 더욱 오고 싶은 곳인지 모르겠다. 길에 나서면 먼발치에서도 먼저 알아보고 "언제 오셨어유." 말을 건네는 다정한 사람들, 애써 키운 무, 배추도 밭에 들어가 선뜻 뽑아주는 수더분한 인심이 또 마음을 즐겁게 한다. 개울둑에 누렇게 익은 늙은 호박도 정겨워 보이고, 알밤 까놓고 잔칫상 차리는 밤나무 숲 다람쥐도 내 좋은 친구가 되어 줄 것만 같다. 저 윗마을 옆길로 오르는 잣나무 숲길은 또 얼마나 마음을 설레게 하는가. 풀 한 포기, 아주 작은 들꽃까지도 느긋하게 바라볼 수 있는 여유가 생기는 곳이다. 밤하늘에 별빛 또한 옛날 모습 그대로 초롱초롱 빛나 북두칠성도, 카시오페이아자리도 금방 찾아낼 수 있다. 언제나 이곳의 밤하늘은 나를 추억 속으로 젖어 들게 한다.

후두두둑 알밤 떨어지는 소리가 긴 적막을 깨고 나를 일으켜 세운다. 일손이 모자라는 바쁜 농촌에 한가로이 앉아 있는 나그네가 얄미웠나 보다.

개울 건너 산밑 작은 집에선 저녁연기 피어오르고 멀리 개 짖는 소리가 은구비 마을 가득 퍼진다.

Home Coming Day

안내를 받으며 홀 안으로 들어섰다. 꽃다발을 안기며 기립박수로 맞는다. 가슴이 뭉클해오고 몸 둘 바를 모르겠다. 남편이 평생 몸담았던 J고등학교 제68회 졸업생들이 주관하는 행사였다. 선후배와 그 가족들이 모인 자리에 옛 스승과 사모님들을 모신 것이다.

오늘은 J고등학교 창립 99주년 기념일이자 제68회 동기들의 졸업 30주년이 되는 HOME COMING DAY라고 한다. 해마다 행사가 있었다지만 나는 처음이다.

남편의 첫 직장이 바로 J고등학교다. 첫날 수업을 마치고 돌아온 남편은 '녀석들이 너무 드세고 엉뚱해서 다루기 힘들겠다.'라며 웃었다. 하지만 하루 이틀, 한 해 두 해 세월이 흐르면서 그런대로 잘 적응해 나갔다. 남편은 어느새 아이들에게 많은 정을 쏟고 있었다. 사고뭉치들이 많았지만, 사건을 해결하고 와서는 언제나 "의리의 사나이들"이라며 "사나이들은 그쯤은 돼야지"를 되뇌었다. 그 의리의 사나이들이 가끔 돌발 사고를 일으켰다.

한밤중에 패싸움을 벌여 경찰서에 연행되었다는 연락이 오는가 하면 하찮은 일에도 물불 가리지 않고 싸움을 벌이는 통에 담임은 파출소를 들락거렸다. 어쩌다 친구가 다른 학교 학생에게 얻어맞고 왔다면 수업 중에도 쏜살같이 달려 나가 앙갚음을 하고 돌아왔다. 그들은 무엇보다 의리를 앞세웠다. 선생님께 호되게 야단맞는다는 것은 언제나 뒷전이었다. 그 덕에 담임은 경찰서를 드나들 수밖에 없었고 꼬박 경찰서에서 밤을 지새우기도 했다. 그러나 녀석들을 질책하기는커녕 오히려 씩씩하고 사나이 중 사나이라고 했다. 그만큼 아이들을 사랑으로 감싸고 있었다. 더러 선생님을 애먹이고 경찰서를 드나들게 하던 철부지 같던 학생들도 사회에 진출해서는 건실한 일꾼이 되어 있다고 했다.

남편이 현직에 있을 때 전직의 권유를 많이 받았다. 나는 그때마다 그곳으로 옮기기를 원했다. 왜 J고등학교에만 미련을 두느냐며 불평을 늘어놓기도 하고 마음을 돌리려 무던히도 애를 썼다. 형편도 더 나아질 것 같고 사고를 일으키는 아이들이 적으면 좀 편해지지 않을까 생각해서였다. 하지만 그는 요지부동이었다.

스승과 제자와의 관계는 혈연과는 또 다름을 어찌 짐작이나 할 수 있었던가. 그들은 졸업 후에 더욱 끈끈한 정을 이어가고 있다. 몇십 년이 흘러도 도도한 강물이다. 변함없이 찾아오고 초대하고 소식 보내오는 그들이다. 요즈음도 '의리의 사나이들'임을 여실히 나타낸다. 외국에 진출한 제자들도 옛 선생님이 그립다며 초청장을 보내와 생각지도 못했던 외국 여행을 다녀오곤 했다. 지난 스승의 날이 있던 달에는 초대하는 제자들이 많아 일정을 잡느라 전화통을 떠나지 못하는 그이를 보며 공연히 내가 흐뭇했다.

그 '의리의 사나이들'을 오늘 한자리에서 민나고 다시 한번 놀랐다. 이 행사에 참여하기 위해 외국에서 날아온 선후배들이 있는가 하면 후배들에게 써 달라는 후원금도 상상을 초월한 큰 액수였다. 후배를 사랑하는 마음이 곧 모교를 사랑하는 길이고 그것이 또한 애국의 길이 아닌가. 세상이 야박해졌다고들 말하지만 바른 생각, 넉넉한 마음을 지닌 이들이 훨씬 많다는 사실을 실감했다.

동문회징의 인사말이 또한 감동적이었다. 선후배, 동기 여러분의 부인들에게 먼저 감사하다고 했다. 모교를 사랑하는 남편의 마음을 깊이 헤아려 어려운 가운데서도 선뜻 후원금을 동의한 부인들에게 더욱 고맙다는 뜻을 거듭거듭 표했다. 그리곤 '우리 동문은 모두 장가를 정말 잘 간 것 같다'라는 익살에 웃음과 큰 박수 소리가 떠나갈 듯 터져 나왔다.

행사 분위기와 모인 동문의 숫자만 봐도 그들의 모교 사랑이 대단함을 알 수 있었다. 서로가 돕고 챙겨주며 남다른 정의로 단합된 마음이 모교를 더욱 발전시키고 있는 것이리라.

만찬장에서도 연신 찾아와 인사를 하는 제자들, 행여 이름을 기억 못 할 것 같아서일까 이름부터 말하는 제자, "저를 아시겠습니까?"라며 이름을 기억해 주기를 기다리는 제자, 넙죽 엎드려 절부터 하는 제자, "저는 선생님께 애를 가장 많이 먹인 놈입니다."라며 잡은 손을 놓아주지 않는 제자 등, 얼굴이 다르듯 인사하는 모습도 모두가 달랐다. 그러나 학교를 사랑하고 스승을 생각하는 마음은 하나같다. 참으로 감동적인 훈훈한 정경이 아닐 수 없었다.

저들의 올곧은 마음이 더없이 믿음직스럽다. 제자들의 배웅을 받으며 행사장을 나오는 마음이 더할 나위 없이 흐뭇했다.

가마니의 추억

벳짚이 멋진 공예품으로 변신하는 과정을 TV에서 방영하고 있다. 소쿠리, 바구니, 삼태기, 짚신, 반짇고리 등 별의별 물건이 농부들의 손끝에서 새 생명으로 탄생한다. 모두가 어렸을 적 눈에 익었던 것들이다. 그러나 가장 요긴하게 쓰이고 우리 가족 모두가 합심해서 만들던 가마니가 보이지 않는다.

볏짚으로 만든 것들을 신어야 하고 담아야 하는, 없어서는 안 될 물건이었던 시절이 있었다. 그 투박하고 보잘것없던 것들이 요즈음 품격을 높여 태어나고 있다.

예전의 농촌에서는 겨울도 바빴다. 농한기라고 하지만 볏짚으로 할 일이 많았다. 짚신, 멱서리, 멍석 등 농사 도구들을 미리 보충하여 만들어야 했다. 그 일이 끝나면 우리 집에서는 오로지 가마니를 쳤다.

가마니는 온 가족이 합심해야 할 수 있는 어렵고 힘든 작업이었다. 하지만 우리 식구들은 잘 해냈다. 그것을 만들어 두고 요즈음처럼 감상하기 위해서가 아니라 부수입을 올리기 위해서였으니 더욱더 열심이었다. 어머니는 바디질을 하고 아버지는 대바느질을 했다.

어머니가 바디에 낀 씨줄을 이쪽저쪽 바꾸어 벌려 놓는다. 그때마다 아버지는 긴 대바늘 귀에 짚 밑동을 걸어 지르고 반대편에서 똑같이 걸어준 짚을 잽싸게 물어온다. 그때마다 어머니는 바디를 쿵하고 내려친다. 바디의 쿵하는 소리와 대바늘을 넣고 뺄 때의 드르르 드르륵하는 소리가 제대로 장단이 맞아 동생들은 일어나 춤을 추곤 했다. 가마니를 하루에 12짝을 더 쳤으니 밥 먹는 시간 외에는 늘 가마니틀을 떠나지 못했다.

가마니를 치는 데는 새끼줄이 많이 필요했다. 그 많은 것을 머슴 혼자선 꼬아댈 수가 없어서 할아버지까지도 열심히 도왔다. 먼저 볏짚에 물을 품어두었다가 메로 자근자근 두드려서 부드러워지면 새끼 꼬는 작업은 시작된다. 언제나 내게 재미있는 이야기도 해주고 함께 놀아주던 할아버지가 그 일에 매달리니 어쩔 수 없이 곁에서 새끼 꼬는 흉내를 내며 놀았다. 그 새끼 꼬기 놀이가 날이 갈수록 새끼줄 모양이 되어가니 어린 마음에도 기뻤다.

어느 날인가, 내가 꼬아 놓은 새끼줄을 이리저리 당겨보시더니 틀 중간에 서너 씨줄을 날게 했다. 할아버지는 너무나 열심인 손녀가 대견해 그렇게 하라고 일렀지만. 가마니를 다 치도록 끊어지면 어쩌나 걱정이 되는 모양이었다. 끝마무리가 되자 내 등을 토닥이며 "우리 손녀 제법이구나, 잘 꽜다 잘 꽜어." 하고 칭찬해주셨다. 그 뒤로는 더욱 부지런히 새끼를 꼬았다. 어린 동생들도 할 일이 있었다. 짚을 한 줌씩 가지런하게 해놓는 일이다. 그래야 어머니의 왼손이 빨리 집어다 대바늘에 물려줄 수 있기 때문이었다. 이렇듯 가마니를 치는 일은 온 식구가 쉴 틈이 없었다.

내가 막 돌이 지났을 무렵이었다고 한다. 가마니를 다 쳐 갈 때쯤이면 낫을 찾아들고 가마니틀을 향해 부지런히 기었다는 것이다. 갓 미무리나 끝마무리를 하고 나면 그 남은 부분을 낫으로 베어낸다는 사실을 안 때문이었다. 낫을 다른 사람이 가져가면 떼를 쓰고 울어 오직 그것만은 걷지도 못하는 꼬마의 소일거리였다. 그날도 또 한 개의 가마니가 만들어질 무렵 낫을 들고 급히 기어가다가 새끼줄에 발이 걸려 엎어졌다. 아이는 숨이 넘어갈 듯 울었다. 어디를 찔렸는지 가늠하기 어려울 만큼 금세 얼굴은 피범벅이 되었다. 별의별 생각을 다 하며 피를 닦고 보니 찔린 곳은 볼우물 들어가는 곳이라 그나마 안심이 되었다고 하였다. 하지만 내 볼엔 그 흉터가 지금도 남아 있다.

그 시절을 생각하니 가마니가 더욱 그리워진다. 덩치가 커서 만들지 않았다면 미니 가마니라도 있을 것 같아 다시 살펴본다. 그러나 가마니와 비슷한 물건도 보이지 않는다. 농부들 마음에 그 이름조차 잊힌 것일까.

짚공예품을 만들던 농부들이 덩실덩실 춤을 추고 있다. 어느 때부턴가 소 먹잇감이나 퇴비로 전락했던 볏짚이 멋진 공예품으로 인기가 좋으니 어깨춤이 절로 나오는 모양이다. 그러나 공예품을 만들고 있는 이들은 모두가 노인들뿐 젊은이는 보이지 않는다. 그 좋은 솜씨를 후손에게 물려줘야 길이 보존될 터인데 전수하고 발전시킬 젊은이가 없으니 참으로 안타까운 현실이다.

볏짚으로 만들어진 물건들이 플라스틱 용품에 그 자리를 내어 준 지 오래다. 그런데 그 물건들이 다시 태어나 우리들의 그리운 마음을 달래주게 되었으니 기쁜 마음 가눌 길 없다.

오랜 세월 갈고 닦여진 그 기술이 아예 사라지기 전에 공예품으로 그 가치를 드높이게 되었으니 얼마나 다행스러운 일인가.

농촌에도 이같이 혁신적인 일이 자꾸 생겨났으면 좋겠다. 농촌을 떠나간 젊은이들이 다시 고향으로 돌아오는 날을 위하여.

딸에게서 온 편지

해 질 무렵 집에 돌아와 보니 현관 우편함에 편지가 와 있다. 미국에 있는 딸아이로부터 온 편지다. 결혼하여 유학길에 오른 지 40여 개월, 전화나 편지가 수시로 오는데도 그때마다 가슴이 뛴다. 방에 들어오자마자 외투 벗는 것도 잊고 선 채로 편지를 뜯어 읽는다.

'아홉 시가 넘어서야 끝나는 과목이 있어 조금 전 집에 돌아와 저녁을 먹고 설거지를 끝마치고 이렇게 편지를 쓰고 있습니다. 요즈음은 정말 바쁘답니다. 바쁘다는 말밖에는 달리 표현할 수 없는 게 안타까워요. 이렇게 몸이 피곤하고 쫓기는 듯 바쁘지만 지난 학기보다 마음은 훨씬 편하답니다. 물론 많은 일을 끝내야 하는데, 잘 안되면 속상하곤 하지요. 그래도 할 일이 확실하게 정해졌다는 사실이 얼마나 기쁜지 몰라요. 한두 시간밖에 잠잘 시간이 없는데도 마음이 가벼워서인지 힘들지 않아요. 엄마, 제 걱정은 이제 하지 마세요.'

나는 그만 눈물이 핑 돌았다. 아리송한 표현이 바쁘고 고생스러운 게 틀림없다. 전공인 컴퓨터 사이언스는 거의 남자들이 참여하는 분야다. 지금 교수 밑에서 연구하는 학생 중 여학생은 저 혼자라고 했다. 문제 해결에 골몰하는 남자들의 세계에서, 많은 것을 배운다고도 했다. 하기야 대학 시절부터 남학생 틈에 익숙해져 있으니 그들과 연구하고 공부하는 시간이 즐겁다는 말이 거짓은 아닐성싶다. 하여튼 별난 아이다.

딸아이가 초등학교 6학년 때의 일이었다. '과학자가 나의 꿈'이라는 말 한마디 던지고는 8년간이나 계속해 오던 피아노 공부를 그만두겠다고 했다. 그 어린 것이 폭탄선언을 한 것이다. 어이없는 일이었다. 남편과 함께 달래보고 타일러도 봤지만, 딸의 마음을 돌릴 순 없었다. 음감이 예민하고 터치도 좋고, 모든 조건이 다 갖추어진 아이라고 칭찬을 아끼지 않았던 피아노 선생님의 말씀이 무색해졌다. 피아니스트로 키워보겠다고 정성 들였던 오랜 세월이 무산되는 순간이었다. 그 절망적이던 때를 떠올리며 픽 웃음이 나온다. 누구에게나 적성이 있고 그 적성을 살려 주는 것이 부모의 도리인데, 내 생각만으로 피아니스트의 꿈만을 키우고 있었으니 참으로 못난 어미였다.

바쁘겠지, 고생스럽겠지, 학비며 생활비도 모두 제가 해결해야 하고 또 빨래, 청소, 반찬 준비, 조교 생활, 자기 공부, 얼마나 바쁘겠나. '새벽에 일어나 후닥닥 준비하고 아침 먹고 설거지하고 도시락 싸 들고 쌩하고 나가는데 도사가 되었어요.'라는 대목에서 또 목이 멘다.

'그래 뛰어라, 맘껏 뛰어봐라. 할 일이 확실하다는 네 말 한마디가 천마를 얻은 듯, 이 엄마는 힘이 생기는구나. 과학자의 꿈은 서서히 네 앞으로

다가서고 있다. 네 꿈이 이루어지도록 이 어미도 마음껏 축원해주마.'

딩동딩동 요란한 벨 소리에 흠칫 놀랐다. 남편이 온 모양이다. 아까부터 다 읽은 편지는 왜 들고 이렇게 오래 서 있을까. 저녁 할 생각은 까맣게 잊고, 얼결에 문을 열며 소리쳤다.

"여보, 견아한테서 편지가 왔어요. 편지가."

수선스러운 내 행동에 남편은 빙그레 웃으며 편지를 받아 읽고 있다. 남편의 얼굴에도 웃음이 가득하다.

편지는 정겨운 사람들을 끈끈히 이어주는 고마운 전령사다. 오늘 저녁도 딸아이의 많은 소식을 우리에게 전해주고 있지 않은가. 편지의 주고받음이 우리의 삶을 윤택하게 하고 미소 짓게도 하며 내일을 밝게 해주는 사랑의 묘약이다.

오늘 밤을 지새우며 이 어미도 봄 햇살만큼이나 따스한 사연을 적어 내 사랑하는 딸에게 띄워 보내야겠다.

고사떡

앞집에서 고사를 지냈다며 떡을 가져왔다. 붉은 팥고물을 듬뿍 묻힌 넓적하게 펴 만든 인절미였다. 시루에 켜켜로 쪄 만든 것만 고사떡인 줄 알고 있던 나는 떡을 받아 든 순간 잠시 어리둥절했다. 하지만 금세 앞집 아주머니의 손쉽고 맛있는 현대식 고사떡에 박수를 보내고 싶었다.

어렸을 적 우리 집에도 고사떡을 자주 했다. 정미소를 했으니 매월 초하루 보름날은 고사를 하는 날로 정해 있었다. 또 시월 상달이 되면 집에서도 햅쌀로 고사를 지냈다. 정미소 고사는 떡 한 시루만을 쪄서 내갔지만, 집 고사는 달랐다. 찰시루떡, 메시루떡 그리고 무를 채 썰거나 늙은 호박고지를 넣어 켜를 두툼하게 만든 떡 등, 큰 시루에 가득가득 쪄 놓으면 할아버지는 몸을 단정히 하고 고사를 지내기 시작하셨다.

떡시루를 터줏대감 앞에 놓고 제일 먼저 절을 했다. 그다음으로 대청마루에도 놓았다가 사랑채에도 놓고 떡시루를 옮길 때마다 막걸리를 올리고 시루 가운데 놓아둔 주발의 물을 바꾸면서 절을 하고 또 하셨다. 그런

후 그 많은 떡은 윗동네부터 아랫마을까지 모두 나누어주었는데 돌리는 몫은 내 차지였다. 캄캄한 밤, 떡 그릇을 들고 빨리 돌리려고 뛰어다니던 그 밤길이 어찌나 무서웠던지. 생각하면 지금도 오금이 저리는 듯하다.

쌀을 씻어 불리고 소쿠리에 건져 물을 뺀 다음 디딜방아에 빻는다. 붉은 팥을 삶아 시루에 안쳐 켜켜로 쪄 놓기까지 하루가 꼬박 걸리는 힘든 작업이었다. 어머니는 그 일을 한 달에 두 번씩이나 하면서도 힘들다는 내색은커녕 언제나 정성을 다하셨다. 나는 힘드실 어머니의 생각은 조금도 할 줄 모른 채 그날을 손꼽아 기다렸다. 떡방아를 빻다 말고도 친구가 지나가면 오늘 저녁 고사를 지내니 꼭 오라고 소리치고 떡시루에 불을 때다 말고도 친구를 부르곤 했다. 고사는 한밤중이라야 지냈고 방앗간 고사떡을 집에는 절대 가져가지 못하게 했다. 그러니 친구들과 재미있는 놀이를 하며 그 시간을 기다려 떡을 배불리 먹은 뒤에야 집으로 돌아왔다. 그러나 고사를 떠올리면 며칠을 안절부절못하고 가슴 졸였던 기억도 잊을 수가 없다.

매섭게 춥던 어느 겨울날이었다. 이웃집 할머니와 불린 쌀을 뒤란에 있는 디딜방아에 빻고 있었다. 시간이 조금 지나자 손발이 시려 참을 수가 없었다. 잠시 방에 들어와 화롯불에 손발을 쬐고 있을 때였다. 우리에 있을 돼지의 비명과 개 짖는 소리가 뒤란에서 요란하게 들렸다. 어머니는 반사적으로 디딜방아가 있는 곳으로 달려가셨다. 나도 뒤따라갔다. 벌써 돼지가 한 바퀴 돌아나갔는지 일은 벌어져 있었다. 떡가루가 담겨 있던 함지가 나동그라져 있고 가루가 산지사방으로 흩어져 있었다. 어머니는 떨리는 소리로 '맙소사'만 되풀이하셨다. 나는 조심스럽게 주워 담으려 애써봤지만 흩어져 있는 가루는 주워 담을 수가 없었다. 다행히 확에 남아 있는 쌀이 꽤 되었으니 이것이나 빨리 빻자며 옆집 할머니는 어머니를 일으켜 세웠다. 어머니도 그 말에 힘을 얻어 할머니가 하자는 대로 쌀을 빻아 시루에 안쳐 쪄 놓았다. 하지만 시루에 가득해야 할 떡이 한 뼘이나 모자랐으니 어머니는 어찌할 바를 모르는 듯 좌불안석이었다. 하지만 어쩌랴. 떡시루를 방앗간으로 내보낼 수밖에 다른 묘책이 없었다. 나는 그 좋아하던 떡도 먹으러 갈 수 없고 할아버지의 불호령이 언제 떨어질지 모르니 잠도 잘 수가 없어 집 안팎을 들락거렸다. 다행히 마음 졸이던 것과는 다르게 그날 밤은 아무 일 없이 보냈다.

이튿날 점심때도 되기 전이었다. 할아버지와 아버지가 몹시 언짢은 표정으로 들어오셔서 의관을 준비하라고 하셨다. 급히 경성엘 갔다 올 일이 있으니 방앗간과 집을 잘 보라고만 말씀하시고 서둘러 집을 나가셨다. 틀림없이 무슨 일이 벌어진 모양이었다. 어제의 일이 자꾸 떠올랐다. 어머니와 나는 할아버지를 제대로 바라볼 수조차 없었다. 왜 별안간 경성엘 다녀오셔야 하는지 여쭈어보려고 해도 말이 목구멍에서만 맴돌았다. 하는 수 없이 할아버지와 아버지가 보이지 않을 때까지 기다렸다가 방앗간으로 달려갔다. 문을 열고 들어서다 말고 어머니는 주저앉아버렸다. 나도 두 다리에 힘이 싹 빠졌다. 피댓줄을 걸어주는 제일 굵고 튼튼한 바퀴가 두 동강이 나 땅바닥에 뒹굴고 있었다. '까마귀 날자 배 떨어진 격'인가. 어머니는 이 엄청난 사고가 '정갈하지 못한 것으로 고사를 지내게 한 내 죄'라며 통곡하셨다.

집으로 돌아온 어머니는 다시 쌀을 담그셨다. 시루에 김이 오르며 익기 시작할 때는 벌써 새벽닭이 울었다. 밤을 꼬박 새우며 어머니를 도와 일을 하면서도 불안한 마음에 피곤한 줄 몰랐다. 다 된 시루떡을 방앗간에 가져가 어머니가 직접 절을 하고 또 하며 용서를 빌었다. 나도 옆에서 따라서 했다. 어머니가 그만둘 때까지 다리가 아파도 꾹 참고 절을 했다. 그래야만 될 것 같았다.

사흘째 되는 날 저녁 할아버지와 아버지는 큰 차에 새 바퀴를 싣고 돌아오셨고 곧바로 제자리에 설치했다. 그 밤으로 피댓줄은 요란한 소리를 내며 다시 힘차게 돌아갔다. 어머니는 또 고사떡을 만들어 내 가셨다. 새 물건을 들여온 뜻도 있었겠지만 어머니는 그렇게라도 해서 마음을 달래고 싶었을 것이다. 엊그제의 일을 모르시는 할아버지는 미처 나도 생각지 못한 일인데 어떻게 고사 지낼 생각을 했느냐며 무척 기뻐하셨다.

결혼해서 지금까지 시월 상달이 되면 나 또한 햅쌀과 붉은 팥을 준비해 좋은 날을 받아 고사를 지낸다. 물론 할아버지와 어머니가 지내시던 마음과는 다를지 모른다. 하지만 한 해를 보내는 아쉬움도 있고 또 무사히 새해를 맞는 고마움도 있어 좀 힘든 일이지만 거른 적이 없다. '고사는 마음과 정성이 깃들어 있어야 한다'라는 할아버지의 말씀을 기억하면서.

올가을에도 고사 지낼 몫으로 햅쌀과 붉은 팥을 준비해 놓고 고사 날을 기다리는 중이다. 그런데 그 변함없던 마음이 어떤 방법이 좋을지 망설여진다. 앞집 아주머니의 간편하면서도 맛있는 현대식 고사떡도 해 보고 싶고 좀 힘들더라도 그럴 수야 없지, 라는 두 마음이 서로 팽팽히 맞서기 때문이다. 사실 나이를 먹으면서 점점 일하는 것이 힘에 벅차기도 하고 또 꾀가 나던 참이라 더욱 그랬다.

어느 고사를 지내던 날 할아버지께 고사를 왜 지내느냐고 여쭈어본 적이 있었다. 큰 기대를 하고 대답을 기다리던 나는 할아버지의 대답이 너무 싱겁다고 생각했다.

"방앗간을 지키는 터줏대감이 떡을 무척 좋아하신단다."

지금도 살아계셔 다시 묻는다면 어떤 대답을 해주실까? 아마도 "터줏대감도 아파트에 사시니 현대식 고사떡을 더 좋아하시겠지."라고 대답하실 것만 같다. 하지만 정성을 다하시던 어머니를 생각하면 현대식 고사떡은 생각할 수도 없는 일이 아닌가.

바람의 무늬

눈비산

내가 태어나 자랐던 고향 갓바위 마을 생일날이다. 식사가 끝날 무렵이었다. 꼭 만나고 싶었다며 내 옆으로 다가온 이가 있다. 어렸을 적 살았던 우리 집터에 새집을 짓고 사는 아무개라며 본인 소개를 했다. 그리곤 내게 보여주고 싶은 것이 있으니 우리 집에 함께 다녀오자고 해서 따라나섰다.

"이 마을을 왜 떠나셨습니까?"

그는 몇 걸음 떼어놓더니 엉뚱한 질문을 한다. 하지만 내 대답을 듣고 싶어 한 말은 아닌가 보다. 말을 계속 이어가고 있다. 자기는 이 마을이 단박에 마음에 들어 정년 퇴임하는 즉시 이사를 오게 되었단다. 멀리 마주 보이는 눈비산도 아름답고 마을 앞으로 넓은 개울도 흐르고 있어 그 또한 마음을 움직였다고 했다. 또 야트막한 뒷산을 오르내리며 노후를 보내기 알맞은 곳이라 여겨졌다며 이 좋은 집터를 넘겨준 주인을 꼭 한번 만나보고 싶었다는 것이다.

어렸을 적 할아버지도 가끔 우리 집터가 좋다고 말씀하셨다. 나 또한 미술 숙제로 그림을 그릴 때 '눈비산'을 그릴 만큼 우리 집 마루에서 바라보는 그 산을 좋아했다. 마루에 서서 멀리 서쪽 하늘을 내다보면 세 봉우리가 예쁘게 솟아있고 그를 중심으로 양 날개를 시원스럽게 벌리고 있는 높은 앞산이 곧 눈비산이다.

눈이나 비가 그 산봉우리부터 시작된다고 눈비산이라 부르게 되었다고 전해진다. 그 앞쪽에는 뒷산의 아름다운 봉우리를 가릴세라 몸을 낮춘 채 '나비산'이 중심을 조금 비켜나 앉아있다. 보면 볼수록 멋진 그 산들을 늘 바라보며 유년 시절을 보냈다.

그의 집에 도착했다. 안팎으로 보기 좋은 정원수를 심고 화초를 가꾸어 놓았다. 그 솜씨만 봐도 모든 사물에 관심과 애정을 갖고 살아가는 사람 같았다. 지은 지 10년이 넘었다는 붉은 벽돌집도 새집처럼 정갈했다. 내가 살았던 집과는 그 생김새가 바뀌었지만, 나무가 울창한 뒷동산과 눈비산이 여전히 한눈에 바라보였다. 주인은 이층 헛간에서 긴 나무토막을 들고나와 내 앞에 내려놓았다. 새집을 짓기 위해 집을 헐다가 마룻대에 새겨진 글을 보는 순간 이 집에 살던 누군가가 언젠가는 꼭 찾아줄 것 같아 '마룻대'를 보관하게 되었다고 했다.

"글씨가 아주 명필입니다. 정말 버릴 수가 없었습니다."

세상에! 감동이 일었다. 어떻게 이 긴 마룻대를 보관할 생각을 했단 말인가. 고향을 등지고 간 본 적도 없는 옛 집주인을 기다리고 있었다니 그저 고마웠다. 할아버지는 이미 돌아가셨지만, 아버지라도 건강하셨으면 이번 기회에 꼭 모시고 왔을 터인데. 우리가 살던 집 마룻대를 보여드릴 수 없으니 두고두고 후회로 남을 것 같다. 한 해에 몇 번씩 고향을 찾았으면서 왜 내가 태어난 마을은 들르지 않았을까, 생각할수록 안타까웠다.

마룻대가 조금 상해있어 글씨가 더러는 흐릿했지만 한 자 한 자 더듬더듬 읽어 내려갔다. 상량식을 올리며 기뻐하셨을 할아버지의 모습이 스쳐갔다.

"소화 팔년 음력 시월 십삼일 정오 상량 昭和 八年 陰曆 十月 十三日 正午 上梁"이라고 써 내려간 붓글씨를 읽을 수 있었다. 붓글씨를 잘 쓰셨던 할아버지의 필체라 생각하니 찡하니 그리움이 밀려왔다.

외아들인 아버지를 결혼시키면서 지은 집이었다. 할아버지가 살아계셔 마룻대를 보고 또 새겨진 글씨를 보셨다면 그 마음이 어떠하셨을까. 어떤 방법으로라도 서울 집으로 가져가자고 하셨을 할아버지다. 어린 시절 우리 가족의 숨결까지를 머금고 있을 귀한 마룻대를 혼자서 보고 있으려니 할아버지와 어머니의 모습이 떠오르고 병환으로 누워계신 아버지께도 죄송하기 이를 데 없다.

더 딱한 것은 이 마룻대가 우리 가족에게 뜻있고 소중한 것임을 알면서도 가져갈 수 없으니 무슨 말로도 위로가 되지 않는다. 꼭 옛 주인에게 보여주고 싶어 지금껏 보관했다는 새 집주인, 옛것을 귀히 여기는 그의 인품에 머리를 숙일 뿐이다.

언젠가는 꼭 우리 7남매 모두 내려와 할아버지의 얼이 담겨 있는 귀한 마룻대를 함께 보면서 어린 시절을 추억해보고 싶다.

다음 갓바위 날에는 7남매 모두 모여 내려올 것을 마음으로 다짐하며 마룻대를 뒤로하고 눈비산이 바라보이는 옛집을 나선다.

소년 정비공

기다리던 차 정비공이 도착했다. 고등학교 저학년으로 보일 만큼 앳되고 선해 보이는 소년 정비공이다. 그를 보는 순간 남편은 어이없는 표정을 한다. 자신이 한나절 고치려고 애를 썼는데 못 고친 자동차를 고치겠다고 어린 소년이 왔으니 한심한 모양이다. 하지만 그는 차를 한번 훑어보고는 즉시 운전대로 가서 핸들을 잡는 폼이 의젓했다. 시동을 몇 번 걸어보고 또 걸어보더니 자기 차로 가서 연장주머니를 옆구리에 차면서 다시 온다. 벌써 고장 난 곳을 알아냈는지 앞 트렁크를 열어젖힌다.

수리를 시작하는 손놀림이 예사롭지 않다. 허리를 굽힌 채 이리저리 움직이며 어린이가 장난하듯 기기들을 풀었다 조이기를 수없이 반복한다. 그리곤 구석진 곳에서 작은 부속품 하나, 또 조금 떨어진 곳에서 또 하나를 빼내더니 주머니에서 새것을 찾아 그 자리에 끼워 놓고는 다시 운전대에 올라앉는다. 시동을 몇 번 더 걸어본 뒤 남편을 보며 운전해보란다. 차를 고친 모양이었다. 남편은 말없이 시동을 걸어 확인하고는 차를 몰고 한 바퀴 돌아온다. 만족한 표정으로 내려 그에게 다가가 악수를 청한다.

언제 그 어려운 기술을 배웠느냐고 머리를 쓰다듬어주면서 크게 성공하겠다는 말까지 덧붙인다. 어지간히 그 소년이 마음에 들었나 보다. 차를 고쳐준 기쁨보다 그 나이에 기술을 잘 익혔다는데 더 의미를 두는 것 같았다.

오늘 아침나절이었다. 차를 너무 오래 세워두었다면서 한 바퀴 돌아오겠다고 나간 남편이 차가 시동이 걸리지 않는다며 들어왔다. 연장을 찾아들고 나가기에 공연히 애쓰지 말고 수리공을 부르라고 했지만 모처럼 내 솜씨를 발휘해볼 것이라고 큰소리치면서 나갔다. 시간이 꽤 흐른 뒤에 들어오기에 고쳤느냐고 물으니 옷만 더럽혔다고 볼멘소리를 했다.

남편은 고등학교 다닐 때부터 차 수리를 하게 되었단다. 큰형님 댁이 차 수리 공장을 시작한 터라 학교에 다니면서도 기술을 배워야 했다. 그 시절이야말로 자동차를 만들 줄 몰랐으니 미군들이 타다가 버리고 간 차를 수리해서 많이들 사용했다는 것이다. 헌 차를 굴리니 고장이 자주 났다. 더구나 도로가 포장되지 않은 자갈길이 많아 차는 더 쉽게 망가졌다. 막 시작한 공장이지만 일거리가 끊임없이 들어왔다. 하지만 정비공이 귀했으니 기술자를 구하기가 힘들었다.

강원도에 사시는 둘째 형님이 막 시작한 큰형님의 공장을 도우려 애를 썼다. 본인 전공을 살려 자동차 부속품 하나를 연구해서 즉시 편지에 그림까지 그려 놓고 만드는 법을 상세히 적어 보내기를 계속했다. 넷째 동생인 남편은 모든 것이 갖추어진 공장에서 형님이 연구해서 보낸 부속품 하나하나를 밤을 새워 만들었다. 그러다가 고장 난 차가 들어오는 날은 예습과 복습을 실제로 하게 되니 자동차 만드는 기술을 자연스럽게 익혔다고 했다. 대학을 다니면서도 방학 동안은 내려와 그 일을 도왔다. 아버지는 돌아가셨고 큰형님이 학비와 하숙비를 마련해주고 있었으니 온 정성으로 공장 일을 도우며 고마움을 표했다는 것이다.

벌써 60여 년이 된 일이다. 그때 아무리 기술이 출중했다 하더라도 그간 한 번도 차를 고쳐본 적 없는 남편이다. 더구나 지금은 세계 최고임을 자랑하는 우리나라의 자동차 기술이 아닌가. 그때의 기술로 현대의 차를 고치겠다는 생각은 무리였다. 하지만 남편은 자기 기술이 녹슬었다며 마음이 편치 않은 모양이다. 그런 그가 어린 정비공의 솜씨를 보고 나더니 어렸을 적 자신을 본 듯하다며 그가 인사를 하고 차에 올라 사라질 때까지 두 손을 흔들어 보이며 눈을 떼지 못한다.

결혼하고 마산에 있는 시집으로 첫인사 갔을 때의 일이다. 공장 뒤에 살림집이 있었다. 마당을 사이에 두었지만 늘 기계 소리가 시끄러웠다. 이런 곳에서 어떻게 공부해서 진학할 수 있었는지. 더구나 그 힘들고 험한 일을 거들면서. 공장이 문을 닫은 깊은 밤이라야 들어와 발을 찬물에 담그고 입시 준비를 했다는 말을 시어머니에게 여러 번 들었지만, 그때는 별생각을 하지 못했다. 막상 와서 보니 시끄러운 기계 소리와 꺼먼 기름기가 덮인 현장 분위기를 보면서 시어머님이 마음 아파하시던 말씀을 늦게나마 헤아리게 되었다.

시댁이라 긴장이 되었는지 새벽 일찍 잠이 깼다. 처음 온 집이라 무엇을 할지 몰라 공장 주위를 돌았다. 어느새 나왔는지 공장 안에서 남편이 손짓한다. 밥을 하는 이가 공장에서 대장장이 일을 하는 사람이라 했다. 그때 중학교에 다니는 아들과 단둘이 살았는데 아버지처럼 대장장이가 되겠다고 말했단다. 남편은 그 소리를 듣는 순간부터 무심할 수가 없었다. 하루는 그 아이에게 아버지의 직업도 좋지만, 앞으로는 자동차 기술이 더 좋은 직업이 될 것이라고 일러주었다.

그 뒤 틈틈이 기술을 가르쳐 주었는데 꾀부리지 않고 가르치는 대로 얼마나 열심히 잘 따라 하는지 재미가 있었다는 것이다. 공부하는 것도 도와주고 시간이 흐를수록 자기가 아는 전부를 가르쳐주고 싶었단다. 아이는 고등학교를 졸업하기 전에 자동차 정비 자격증을 따놓고 방학에 내려올 남편을 기다렸다가 보여줄 때 내 일처럼 기쁘더라고 했다. 잠시 그때를 떠올리는 듯 흐뭇한 표정이었다.

나 또한 오늘 우리 차를 수리해주고 간 능숙한 솜씨의 그 어린 정비공을 잊을 수 없을 것 같다. 요즘처럼 힘든 일은 하지 않으려는 세상에서 기술을 일찌감치 배웠으니 그 누구보다도 앞날이 보장되어 대성하리라 믿어진다.

아직 소년티를 벗지 못한 어린 정비공, 그를 통해 남편의 소년 시절을 알게 되었다. 그는 고장 난 차만 고쳐주고 간 것이 아니라 남편의 씁쓸했던 마음도 말끔히 씻어주고 갔다. 아니 내 마음속에도 그 당당한 숙련공의 모습을 깊숙이 심어놓고 돌아갔다.

며느리의 부엌

아들네 집에 들어선다. 며느리를 따라 들어서는데 처음 오는 집인 듯 낯설다. 오랜만에 와서 그런가 싶어 두리번거리고 있나. 앞섰던 며느리가 어머님은 역시 눈썰미가 있다고 너스레다.

올해 막내까지 학교에 가고 보니 옆에 두고 돌봐주어야 할 일이 많아졌다는 것이다. 생각 끝에 공부할 곳을 아예 주방 옆으로 옮겨놓다가 거실의 가구까지 바꾸게 되었다고 했다. 저는 많은 시간을 주방에서 보내야 하는데 공부하다가 물어볼 게 있는 아이들은 부지런히 엄마를 찾아 오가니 불편한 것이 한둘이 아니었다는 것이다. 이렇게 공부할 책상까지 만들어놓고 보니 아이들 모습이 한눈에 들어와 궁금한 것도 없어지고 조바심으로 잔걸음 치던 수고를 덜었다며 환하게 웃는다.

식탁을 잇대어 책상을 손수 만들었다며 자랑은 이어진다. 식탁 넓이의 재료를 백화점에서 구매해와 혼자서 온종일 식탁에 이어 붙여 만든 책상 겸 식탁이라고 한다. 책꽂이는 긴 것 하나를 두 아이가 함께 쓰도록 배치해 놓았다. 책꽂이에는 손녀가 좋아할 만한 인형과 손자의 것으로 보이는 비행기와 장난감 몇 개가 놓여 있을 뿐이다. 설명이 없어도 남매가 함께 쓰는 책꽂이임을 알게 한다.

아들이 직장을 부산으로 옮기게 되어 이곳으로 온 지 6년이 된다. 며느리는 아이도 아닌 제 남편의 세끼 도시락을 날마다 준비하고 있다. 두 녀석도 저녁에 먹을 것을 미리 주문해놓고 학교에 간다고 했다. 며느리가 주방에 있어야 하는 시간이 많아 이런 지혜를 짜낸 것이리라.

도시락이란 집에서 먹는 음식과는 달라 더욱 정성을 쏟아야 하고 채식을 많이 먹어야 하는 제 남편의 체질에 맞추려니 준비하기에 많은 시간이 걸릴 것이다. 지금껏 며느리가 하는 행동을 보며 '역시 젊어 지혜롭구나' 생각한 적이 많았다. 그런데 시대와 동떨어지게 새벽 출발하는 제 남편의 도시락을 준비한다는 소리를 들었을 때 많은 생각이 스쳐 갔다.

부산으로 이사를 했다기에 내려왔다가 이 사실을 알게 되었다. 퇴근해서 온 아들이 인사를 꾸벅하더니 큰 가방을 주방으로 들고 가 무엇을 자꾸 꺼내놓았다. 우리가 왔으니 엄마, 아빠가 좋아하는 그 무엇을 준비해 왔구나, 김칫국부터 마시며 다가가 보니 크고 작은 빈 그릇을 수없이 꺼내놓고 있다. 너무 이상해서 들여다보는 나에게, 하루 동안 먹은 그릇인데 구경할 것이 무엇이냐며 나를 소파로 데리고 가는 것이 아닌가.

아들의 말을 들으며 기가 막혔다. 친정엄마가 이 모습을 목격했다면 고생하는 딸을 보며 그 마음이 얼마나 아렸을까. 아무리 생각해도 너무한 처사라 생각되었다. 세상이 많이 변해 젊은 엄마들은 제 아이 도시락도 준비하지 않는다고 하는데 남편의 도시락을 싸게 하다니, 한 끼도 아닌 세 끼의 도시락을…. 아들은 세상 돌아가는 물정을 모르고 저만을 위해

도시락을 준비해 달라고 했을지 모른다. 하지만 며느리는 무슨 생각으로 그 비위를 맞추고 있는지 두 사람이 모두 못마땅해 그예 한마디하고 말았다.

그렇게 염치없는 아들인 줄 몰랐구나. 염치가 없어도 너무 없다며 며느리가 들어 속이 시원하도록 큰소리로 야단을 쳤다. 그런데 이게 웬일인가. 제가 하고 싶어 준비해주는 것이니 저를 야단치라며 며느리가 달려와 막아서는 것이 아닌가.

며느리의 말은 이어졌다. 처음 그의 직장이 어떤 곳이며 식당은 어떤지 궁금해 점심시간에 찾아가 보았단다. 이곳으로 오자마자 바쁘다며 새벽에 나가는 남편인데 교내 식당은 가는데 10분 정도 걸어가야 하고, 나온 음식을 보니 채식이 별로 없어 걱정되어 준비하기 시작했다는 것이다. 조금 더해서 한참 성장하는 두 아이에게도 먹이고 있으니 온 가족에게 다 이익이 되는 일이라는 며느리를 보면서 할 말을 잊었다.

하기야 며느리는 아들의 일을 돕는 10여 명이 넘는 석사과정 연구생들도 가끔 집으로 초대해 음식을 대접한다고 들었다. 명절에는 우리 집 일은 물론 큰댁에 가져갈 전 부치는 일까지 도맡아 한다. 어떤 음식이든 손이 재면서 볼품 있게 만드는 재주를 지녔다. 명절이 다가올 때면 전 부치는 일이 가장 큰 걱정이었는데 그 걱정을 하지 않아도 될 만큼 모두 맡아서 며느리가 한다.

첫 번 다녀왔을 때부터 남편은 아들네 집에선 향기가 넘친다며 며느리 칭찬을 했다. 나 또한 좋은 직장을 포기하고 아이들을 잘 키우고 살림하는 며느리가 늘 고마웠다.

벌써 며느리가 우리 집에 온 지 10년이 되었다. 갈 때마다 향기 품어내는 며느리의 부엌을 바라보는 마음은 미소를 머금게 한다. 더구나 귀여운 손자, 손녀의 향기까지 집안에 가득하니 나는 복이 많은 시어머니다.

형벌

무섬증이 와락 밀려온다. 작은 소리에도 놀라고 유리문엔 그림자가 어른거리고, 거실엔 찬 바람이 쌩쌩 몰아친다. 도대체 지금껏 살던 집인데 왜 몸서리치게 무서워지는지 알 수가 없다. 한 달을 어떻게 버텨낸단 말인가. 살아갈 한 달이 남편과 살아온 세월보다 더 멀게 느껴진다.

한 달쯤이야! 병원에 누워있는 남편을 뒤로하고 나오면서 자신에게 말했다. 하지만 그 다짐과는 달리 마음은 자꾸 수렁으로 빠져들었다. 집에 들어서니 찬바람이 나를 엄습한다. 스스로 다독이며 왔던 힘이 스르르 빠져나간다. 소파에 아무렇게나 몸을 던져 버린다.

생전 처음 느끼는 내 집에서의 처참함이고 무서움이다. 남편은 항상 건강해서 내게 도움만 주며 살 줄 알았다. 가끔 나를 응급실로 데려갈 때 너무 떨려 핸들을 잡을 수 없어 택시를 불렀다는 말을 들었을 때도 나는 그 마음을 헤아리지 못했다. 심장병이 있는 내가 밤낮 가리지 않고 여러 번 혼절했었다. 그때마다 어떻게 대처하며 버텨냈을까…, 새삼 그이가 가여워진다.

남편이 척추협착증이란 진단을 받은 지 꼭 일 년이다. 하지만 본인 혼자서 오가며 치료를 잘 받았다. 시술도 네 번이나 했다. 그래도 차도가 없어 수술을 결심했다. 권위 있는 박사를 소개받았다며 딸이 아버지와 함께 병원으로 갔다. 하지만 검사를 해본 의사가 수술할 상황이 못 된다고 했다면서 힘없이 돌아왔다. 약으로 버티며 조심하는 수밖에 별 방법이 없단다. 남편은 말수가 더 뜸해졌다.

허리가 불편한 채로 견뎌내야 할 아빠를 생각해 아이들은 맞춤형 소파를 들여오고 다리 받침이 있는 의자 세트도 방에 들여놓았다. 조금이라도 편히 생활할 수 있도록 아이들은 만반의 준비를 해놓았지만 나는 치료를 포기할 수 없었다.

요행을 바라는 마음으로 한방 병원을 찾아갔다. 오래전 친정아버지의 중풍을 치료한 병원이다. 아버지가 입원했을 때 허리 아픈 환자가 완치되었다며 퇴원하는 사람을 여럿 봤었다. 어디든 매달려야 했다. 낯익은 원장 선생님이 반갑게 맞는다. 협착을 치료하는 매선 요법과 또 다른 방법도 있다고 했다. 나는 돌아와 무조건 남편을 설득해 함께 병원으로 갔다. 진찰을 한 의사는 3달의 치료 기간이 필요하다며 우선 한 달 입원을 하라고 했다. 두 달은 통원 치료를 하면 좋은 결과가 있을 것이라 희망을 주었다. 다행히 그이도 의사 말에 수긍하며 입원했다. 깊은 수렁에 빠져 허우적거리다 지푸라기를 잡는 심정이긴 하지만 다른 방법이 없었다.

남편은 건강했었다. 퇴직하고도 출근할 때와 똑같이 생활하며 몸 관리 또한 빈틈없었다. 피곤하다는 말도 들어본 적 없으니 내 건강만 챙기며 살았다. 새벽 운동은 눈비가 와도 빠지는 일 없고, 등산과 다른 운동 역시 정해놓은 시간을 지키면서 최선을 다하는 사람이었다. 그토록 건강 관리를 철저히 하며 살아온 그에게 척추협착증은 날벼락이었다.

그이와 건강하게 사는 것이 감사한 일인 줄 모르고 나는 살아왔다. 건강해서 부지런히 나다니는 남편을 보며 공연히 한마디씩 던졌다. 무슨 볼일이 그렇게 많고 또 어딜 가느냐고, 쓸데없는 잔소리를 해댔다.

다닐 수 있을 때 여행을 더 많이 하자며 계약해놓은 외국 여행 티켓도 반납하게 했다. 다니고 싶었던 곳 거의 다녀왔으니 먼 거리 여행은 이젠 기지 않겠다고 익지를 부렸나. 서로가 선강해 다닐 수 있을 때 말없이 따라나서야 했었는데…. 후회되는 일만 자꾸 생각난다. 그이가 입원하고 보니 오랜 세월 형제들과 하던 단풍 구경도 이 가을에는 생각할 수조차 없게 되었다. 건강이 있어 다닐 수 있는 고마움을 모르고 자만했으니 이처럼 무서운 형벌이 내려지는 것인가.

정전

벌써 여러 날 컴퓨터 앞에 앉아만 있다. 머릿속이 텅 빈 듯 캄캄하다. 사람에게도 정전이 오는지. 며칠째 이러고 있으려니 정전으로 속이 타들어 갔던 때가 스쳐 간다.

젊은 시절 웨딩드레스샵을 운영하고 있을 때였다. 초저녁부터 정전이 되었다. 다음 날 정오에 결혼식을 올릴 신부의 드레스를 끝내지 못했는데 보통 걱정이 아니었다. 스팽글을 막 달려는 참이었는데 전기가 나가버린 것이다. 이 저녁 어떤 일이 있어도 완성해야 하는 드레스였다.

스팽글을 다는 작업은 촛불로는 어림없는 일이었다. 바늘이 길고 가늘어서 전깃불 밑에서도 바늘귀가 잘 보이지 않았다. 거기다 좁쌀만 한 구슬을 중심에 끼워 달아야 하는 작업이니 애를 태우면서 전기가 들어오기를 기다릴 수밖에 없었다.

정전이 되지 않았다면 자정이 되기 전 일을 끝내놓고 편히 잠을 잤을 터인데 어찌 이 상황에서 잠인들 잘 수 있었겠는가. 결국 다음날 날이 밝은 뒤에야 스팽글을 달기 시작했다. 아침도 먹지 못하고 직원 모두 동원해 마무리하고 나니 배달할 시간이 아주 촉박했다.

웨딩드레스는 언제나 약속 시간 내에 배달이 되어야 결혼식을 올릴 수 있는 옷이다. 시간이 워낙 빠듯하니 불안한 마음에 배달원에게 맡길 수가 없었다. 내가 배달할 드레스 가방을 들고 뛰어 택시를 잡아탔다. 그런데 공교롭게도 절반밖에 가지 못했는데 길이 막히기 시작했다. 차가 움직이지 않으니 마음이 타들어 갔다.

드레스를 기다리고 있을 신부의 얼굴이 어른거렸다. 평생에 한 번 있는 가장 뜻있는 날에 드레스 배달이 늦어져 신부의 마음을 상하게 하고 더구나 결혼식도 올리지 못하는 사태가 벌어진다면 생각만 해도 아찔했다. 하지만 도로가 막혀 차가 꼼짝도 하지 않고 있으니 그저 막막해 어찌할 줄 모를 때였다.

웽웽거리는 소리가 뒤쪽에서 들렸다. 나는 무작정 문을 박차고 나가 달려오는 경찰차 앞으로 내달았다. 차는 요란스러운 소리를 내며 급정거했고 미친 사람 아니냐고 소리치며 경찰이 내렸다. 그는 험악하게 나를 끌어 경찰차 속으로 밀어 넣었다.

그도 얼마나 놀랐던지 한참을 말이 없다. 하지만 나는 워낙 다급했으니 웨딩드레스를 내보이며 간청했다. 정오에 결혼할 신부의 웨딩드레스라며 염치없지만 빨리 모 호텔로 데려다 달라고 통사정했다. 대답이 없다. 다시 말을 이었다. 제 잘못을 충분히 알고 있으니 드레스 배달을 한 다음에 벌은 받겠다며 내 뜻을 밝혔다. 경찰은 신부의 사정이 이해되었던지 더는 화를 내지 않고 차를 몰아갔다. 호텔을 향해 한참을 달려 거의 도착했을 무렵에야 말을 꺼냈다. 그 상황에 이 차에 깔려 죽지 않았으니 서로가 참 운이 좋은 날이라 사정을 봐준다며 내리라고 했다. 나는 급한 마음에 고맙다는 말도, 찾아가겠다는 소리도 못 하고 드레스만 챙겨 잽싸게 내리고 말았다.

막 호텔로 들어서니 신부가 화장을 끝내고 있었다. 신부는 내가 얼마나 몸이 달았는지조차 모르니 반갑게 맞았다. 곧이어 신부에게 드레스가 입혀지고 면사포를 머리 위에 얹는 순간이었다. 후유! 나는 나도 모르게 안도의 숨을 내쉬고 있었다.

신부와의 약속은 아무리 다급한 일이 있어도 지켜야 하는 직업이니 열 일 제치고 드레스 배달을 우선으로 알고 살았다. 하지만 그 신부처럼 촉박하게 드레스 주문을 해올 때는 신부의 사정이 딱해 거절할 수가 없다. 부지런히 하면 되겠다는 생각만으로 드레스 주문을 받게 된다. 그런데 하필이면 그날따라 초저녁부터 정전이 되어 날이 밝을 때까지 전기가 들어오지 않아 얼마나 애를 태웠는지 모른다.

그토록 나를 힘들게 했던 정전이란 말이 우리 주위에서 사라진 지 오래다. 아니 잊어버리고 있을 정도로 전기 사정이 좋아졌다. 반짝이는 스팽글 역시 손으로 달지 않고 기계로 작업한다고 들었다. 요즘에 드레스 배달을 한다면 전철을 이용하면 틀림없이 시간을 지킬 수 있는 좋은 세상이 왔다. 그런데 진작 나는 드레스업을 접은 지 오래다.

요즘 엉뚱하게도 그 정전이 내게 오고 있다. 그 시절의 정전처럼 예고도 없이 찾아온다. 컴퓨터 앞에 앉아 글을 쓰고 있을 때 더욱 그렇다. 멍멍하다 못해 캄캄하다. 벌써 며칠째인가. 아니 지난여름부터 그랬다. 그 옛날처럼 언제 들어올 것인가 기다릴 수 있는 정전도 아니니 더욱 답답하다. 전기의 정전보다도 더 무서운 것이 요즘 내게 오고 있는 정전이라 생각하니 한없이 슬프다.

엄마 꽃

엄마 꽃이 막 꽃망울을 터뜨렸습니다.
앵두꽃 말입니다.
반가워 다가가지만, 눈물이 앞을 가려 아무것도 보이지 않습니다.
보고픈 우리 엄마!
살아생전 한 번도 써본 일 없는 엄마께 드리는 편지를 쓰고 있습니다.
이 편지를 보시면 소리 내어 웃으실 것만 같습니다.
"그래, 이제야 보고 싶니? 못된 것."
그 고운 눈을 살짝 흘기시겠지요?

엄마를 생각하면 마음이 너무 아파옵니다.
어려서부터 그랬습니다.
내가 아는 우리 엄마는 일만 하는 엄마였으니까요.
오죽하면 손가락이 닳지 않았나 살펴보기까지 했을까요.
하기야 우리 집엔 일거리가 태산 같았지요.
농사일에다 남의 집에는 없는 정미소, 그 일이야 일꾼들이 했다지만 초하루, 보름 고사를 지내는 일은 모두가 엄마 몫이었습니다.
그뿐인가요. 웬 가축은 그리 많았는지.
소, 돼지, 개, 닭. 그것도 여러 마리씩 그 먹이를 만들고 주는 일도
엄마였습니다.

이렇듯 앵두꽃이 피어날 때면 더욱 엄마가 보고 싶어집니다.
일만 하는 엄마가 아닌 옷 곱게 입고 편안히 쉬고 있는
우리 엄마를
꿈에라도 한 번 뵈었으면 좋겠습니다.
앵두꽃 닮은 우리 엄마를….

곡을 하는 여아들

“삼 년째 저렇게 곡을 한다니까.”

“아이구, 저 어린것들이 이 더운 여름에 딱하기도 하지.”

밖에서 지나가는 사람들의 걱정하는 소리가 들려도 어린것들이 엎드려 ‘아이고, 아이고’ 어른들 곡하는 흉내를 내는 것이다. 그뿐이랴, 절도 부지런히 하면서 어떤 것을 집을까, 머리에는 온통 제상에 놓은 과일 생각뿐이다.

아주 어렸을 적 고조할아버지가 돌아가셨을 때의 일이다. 궤연几筵에서 초하루, 보름으로 삭망朔望을 지냈다. 그때마다 상제들은 곡을 하고 절을 올렸다. 음복한 후, 상복을 벗어 벽에 걸어 놓고 그 방을 나왔다.

우리는 어른들과는 달리 시도 때도 없이 그 방에 들어가 어른들 흉내를 냈다. 제상에는 먹을 것이 많았다. 떡과 밤, 대추, 곶감은 물론 철 따라 오르는 과일이 달랐다. 큰소리로 곡을 하고 절을 하며 제상 앞에 서서 “고조할아버지 과일 한 개만 주세요.” 말을 하기가 바쁘게 까치발을 하고 서서 과일 한 개를 손에 들면 미련 없이 그 방을 나오며 행복했다.

어른들의 곡소리를 흉내 내는 우리는 동갑내기 3명의 여아들이다. 4살

때부터 궤연을 드나들었다지만 초상初喪과 소상小祥 때의 일은 기억이 많지 않다. 까치발을 하고 과일을 꺼내던 기억만은 또렷이 떠오르니 삼년상三年喪의 마지막인 대상大祥, 즉 우리들이 6살 때의 일이다.

군것질감이 귀했던 시절 밖에서 놀면서도 그곳에 놓여있을 과일 생각뿐이었다. 과일 한 개를 얻기 위해 목이 터져라, 곡을 하고 또 절을 하고 나면 땀이 줄줄 흐를 때도 있었다. 하지만 과일 한 개가 손에 들렸을 때의 그 기분은 배가 고플 때 밥을 먹는 기쁨보다 훨씬 대단한 것이었다.

할아버지 삼 형제분이 한마을에 사셨다. 곡을 하는 우리 세 명 중, 나만 큰할아버지의 손녀였고 둘은 둘째, 셋째 할아버지의 딸이었으니 나에게는 당고모가 된다. 우리는 언제나 붙어 다니며 자매처럼 지냈다. 그런 우리에게 함께할 일이 주어진 것이다. 곡을 해야 제상에 놓인 과일 한 개를 먹을 수 있었다. 그것을 얻기 위해 부지런히 궤연을 드나들었는데, 큰고모들은 무섭다며 근처에도 얼씬하지 않았단다. 처음 제상의 과일을 마구 들고나오는 어린 것 셋을 목격한 할아버지가 묘안을 생각해 내셨다

"제상의 과일은 곡을 하고 절을 많이 해야 먹을 수 있는 과일이다."

절을 하고 나면 고조할아버지께 다가가 "과일 한 개만 주세요." 하고 꼭 한 개만을 집어야 "이놈" 하지 않는다고 덧붙이셨다. 어린것들이 딱 한 번 일러준 그 말을 탈상脫喪할 때가 다 되었는데도 실천하고 있다며 "역시 내 새끼들"이라고 웃으시곤 우리의 등을 토닥여 주셨다.

커서 안 일이지만 할아버지는 제상의 밤, 대추가 떨어질 때쯤이면 초하루 보름이 아니라도 언제나 준비했다가 말 잘 듣는 어린것들이 실망하지

않게 제기祭器에 채워놓으셨다고 했다. 또 저 어린것들이 잘 자라도록 살펴 달라고 할아버지 역시 우리가 곡을 할 때 간절한 마음이 되더란 말씀도 하셨다. 군것질감이 귀했던 시절이니 그런 배려가 없었다면 얼마나 재미없는 어린 시절을 보냈을까. 생각할수록 할아버지의 따뜻한 마음이 온몸으로 전해진다.

너무 어려 기억 못 하는 4살 때의 일을 옛날이야기처럼 할아버지는 들려주셨다. 조그만 녀석 셋이 들어가 곡소리가 난 뒤에는 일러준 대로 꼭 과일 한 개를 들고나왔다. 하지만 저 자그마한 녀석들이 어떻게 높은 제상의 것을 내릴까 궁금했다. 문틈으로 들여다보니 한 녀석이 엎드리고, 한 녀석은 손을 잡아주고, 또 한 녀석은 등에 올라가 과일 3개를 집어 한 개씩 나누고 있었다. 그 모습이 얼마나 귀엽고 대견하던지. 할아버지는 어린것들의 군것질감을 더 열심히 챙겼다고 하셨다.

과일 하나를 얻기 위해 땀 흘리며 곡을 하고 절을 하던 어린 시절을 나 또한 가끔 떠올린다. 제상에는 떡과 과일이 가득 놓였고, 그 앞에는 어린 여아들이 엎드려 곡을 하고 절을 하는 모습은 지금도 나를 웃음 짓게 한다.

아름다운 끈

원두막에 둘러앉아 점심을 먹는다. 베풀기 좋아하는 한 친구가 모두의 점심을 준비해 왔다. '세미원' 입구 왼편 야트막한 원누막에 낭만 어린 점심상을 차렸다.

보따리를 풀어 놓고 보니 도시락이 아니라 한정식이었다. 고기반찬은 물론 굴비까지 준비했다. 나물류와 밑반찬, 후식까지, 어디에 내놔도 부족함 없는 밥상이다. 굴비를 뜯으라며 일회용 장갑까지 준비했으니 모두 입을 다물지 못한다. 한 친구가 비닐장갑을 손에 끼며 빨리 먹잔다. 야외에서는 이렇게 먹어야 제맛이 난다나. 장갑 낀 손으로 밥을 먹기 시작하는 친구, 그 모습이 정겹다. 모두 수저를 들다 말고 재미있다며 따라 한다.

오전 10시 30분, 중앙선을 타기 위해 9명이 옥수역에서 만나기로 했다. 한 친구가 짐을 멘 채 양손에도 들고 힘겹게 오는 모습이 보였다. 모두 달려가 짐을 받았다. 도시락을 준비해 왔다는 친구, 그는 가끔 이렇게 생각지 못한 일로 우리를 놀라게 한다. 짐을 나누어 들고 중앙선을 탔다. 중앙선은 도시를 벗어나 산과 강을 끼고 달린다. 산천의 수려한 경관을 보며 어린애들처럼 좋아한다. 옥수역을 떠난 지 한 시간 반인데 벌써 낭만 어린 원두막에 오른 것이다.

30년 전 평생교육원 합창반에서 만난 친구들이다. 오랜 세월 여행도 많이 다녔고 합창 연습하느라 해마다 합숙도 하며 지냈으니 그 친밀함이 남다르다. 합창을 그만둔 지 몇 해가 되었지만 늘 함께했던 시절이 그리워 만나고 있다. 그 무섭던 합창 지휘 교수님과의 추억은 언제나 노래로 이어지고 또 말문을 트는 서막이 된다. 세상을 떠나셨으니 더 보고 싶다는 친구들. 정말 잊을 수 없는 교수님이다. 평균 연령이 60이 넘은 단원들을 밤중까지 잡아두고 교탁을 탕탕 치고 발을 구르며 호통을 치던 모습이 어제인 듯 다가선다.

첫 시간 첫 마디가 "본인 사망 외엔 출석"이란 말로 우리를 제압했다. 그 말을 따르지 않을 단원은 당장 일어서 나가라며 엄포를 놨다. 그리곤 종료 시간을 무시한 채 합창 연습에만 열을 올렸다. 오후 2시에 시작해 5시면 끝내야 하는 수업을 밤중까지 잡아두고 왜 그렇게 음감이 둔하냐, 그 머리로 아내 노릇, 엄마 노릇은 제대로 했겠느냐며 우리들의 마음을 긁었다. 처음부터 길들이기 작정을 하고 나선 지휘 선생이다. 따르기 싫으면 단원이 떠나는 길밖에 없었다. 하지만 어찌 된 일인지 포기는커녕 해가 갈수록 단원 수는 늘어 가고 한 끈에 묶인 순한 양이 되어갔다.

합창을 시작한 지 3년이 되던 해, 첫 정기연주회를 열겠다고 선포했다. 그동안 찬조 출연으로 경험을 쌓았으니 우리만의 정기연주회를 하겠다는 말이었다. 봄 학기가 끝날 무렵이었다. 여름방학 때 합숙 훈련할 장소를 물색해 놨다는 선생님. 따라가서 보니 어설프기 짝이 없는 장소였다.

피아노도 없는, 넓은 공간에 의자만 놓여 있는 썰렁하기 이를 데 없는 교실이었다. 피아노는 물론 합창 연습에 필요한 모든 것을 서울에서 대여해 와야 한다는 말에 기가 막혔지만 아무도 이의를 달지 못했다. 여우에 홀린 듯 합창 연습에 필요한 모두를 준비해 트럭에 싣고 그곳으로 갔다.

10여 일의 합숙 생활인데도 한 사람의 낙오자 없이 70명이 넘는 단원 모두 출석했다. 가는 날부터 맹연습에 돌입했다. 10일 동안 합창곡 20곡을 완벽하게 끝내지 못하면 집에 돌아갈 생각 말라는 단서도 달았다. 합창곡을 받아 들고 모두 놀랐다. 악보마다 4부 합창곡이었다. 악보를 보면서 노래해도 될지 말지 한 우리들 실력인데 교수는 의욕만 앞서갔다. 더구나 우리 합창단원은 전공자가 한 사람도 없었다.

밥 먹는 시간을 빼고는 연습 시간뿐이었다. 온종일 서 있는 합창 연습에 몸은 뒤틀려오고 발은 통통 부어올랐다. 저녁을 먹을 때는 숟가락질도 자유롭지 못할 만큼 손가락도 부어있었다. 그 지경인데도 불평은커녕 수업이 끝난 한밤중에도 각자가 연습에 열을 올렸다. 마지막 날 밤은 악보 없이 무대에서 총연습을 끝냈다. 10일 동안의 고된 합창 연습은 전원이 20곡을 암기하는 기적을 낳은 것이다. 모두 그 자리에 주저앉아 버렸고 해냈다는 벅찬 기쁨을 울음으로 토해내며 온밤을 지새웠다.

그렇게 20여 년 길든 우리는 지금도 만나면 노래로 시간을 보낸다. 들녘이나 숲속이 우리가 만나 노래 부르는 무대가 된다. 아무도 없는 곳에서 마음껏 노래를 부르고, 날이 저물어 캄캄해야 집으로 향한다. 그런데 더욱 못 말릴 일은 차에 오르면서도 그 흥을 주체치 못해 흥얼거리다 사람들의 눈총을 받는 일이 다반사다. '본인 사망 외엔 출석'이란 그 호된 가르침이 이렇듯 평생의 아름다운 끈이 될 줄 어찌 알았으리.

그 길에 서 있다

등나무 아래서 친구들을 기다린다. 친구보다 비둘기 한 쌍이 먼저 날아온다. 서로 보고 몇 번 눈 맞추더니 앞서거니 뒤서거니 뒤뚱거리며 가랑잎을 헤집는다. 먹이를 찾는 모양이다. 뒤이어 참새들도 날아왔다.

이곳 아름다운 숲에 들어설 때면 언제나 마음이 설렌다. 잘 다듬어진 나무들, 수풀 사이로 하얗게 드러나 있는 오솔길, 비둘기색으로 단장한 서구식 건물의 본관이 오랜 역사를 말해주듯 예스럽다. 그 앞에는 회양목 몇 그루가 멋스럽게 서 있어 그 또한 내 눈길을 잡는다. 산수유, 목련, 벚나무, 라일락, 은행나무들이 가득한 교정은 나의 쉼터다.

자석에 끌리듯 나는 이 아름다운 교정을 드나든다. 강의가 있는 날이나 친구를 만날 때, 이 등나무 아래서 만남을 약속한다. 그리곤 습관처럼 일찍 나와 오솔길을 걷고 등나무 아래 앉아 계절을 음미한다. 봄이면 파랗게 올라오는 잎들과 꽃이 피어나는 생동감 넘치는 모습을 보는 기쁨이 있고, 여름은 짙은 녹음 속에 매미의 합창 소리를 들으며 합창하던 그 시절을 떠올리게 된다.

D 평생교육원. 배움터가 있다는 생각만 해도 즐겁다. 교정이 아름다워 더 그랬다. 어려서부터 글을 쓴다는 생각만으로도 주눅이 들었던 나다. 받은 편지에 답장 한 번 쓰지 못했다. 이 교정을 드나들면서 다른 과목은 거의 섭렵하면서도 문학 과정은 멀리했다. 나를 잘 알고 있기 때문이었다.

그런 내가 수필 공부를 지금까지 하고 있다. 두려우면서도 친구를 따라 동인회에도 들게 되었고 어정쩡한 몇 년의 세월이 흘러 운현수필 창간호에도 이름을 올렸으니 얼마나 염치없는 사람인가. 아니 내게도 용기가 생긴 것이다. 그 동인지를 동생들에게 나누어 주던 날 웃음이 한꺼번에 터져 나왔다. "언니가 수필을 썼다며 우리 집안에 별일이 생겼다."라고 떠들썩하니 웃어댔다. 문학에는 아예 소질이 없다는 말을 자주 하던 우리 형제들이었으니까 엉뚱한 일이 벌어졌다는 반응이었다.

동생들 생각과 다르지 않던 나였다. 내가 좋아하는 숲이 있어 다니다 보니 그렇게 되었다며 변명해도 동생들은 웃음을 참지 못한다. 동생들이 내 두려워 움츠러들던 그 마음을 어찌 알겠는가.

그 무렵 수필 특강 또한 나를 솔깃하게 했다. 첫마디가 시작해보라는 말이었다. 수필은 내 경험을 쓰는 글이니 끝까지 읽히는 글, 독자의 공감대를 형성하며 감동을 불러일으키는 글이면 좋다고 했다. 눈을 뗄 수 없을 만큼 재미있고 위트 있는 글이면 더욱 좋은 글이라고도 했다. 어렵게 생각하지 말고 우선 옛이야기를 말하는 것처럼 그려가며 써 보라고도 했다. 그 강의를 들으니 할아버지가 구수하게 엮어가던 이야기를 쫓아가 보면 되지 않을까 실낱같은 희망이 생겼다.

수필 강의는 내게 차츰 힘이 되었고 하고 싶은 욕구도 생겼다. 험한 산을 오를 때처럼 오르는 방법을 찾아낼 수 있으리란 믿음도 갖게 되었다. 시력이 좋지 않은 나는 책을 많이 읽을 수 없으니 강의를 열심히 듣고 새기리라 마음도 다졌다. 읽는 것만은 못하겠지만 눈 핑계를 대며 포기하는 것보다야 나은 생각 아니겠느냐며 자신을 위로했다. 또한, 하다 보면 다른 방법도 찾아낼 수 있겠다 믿고 한 걸음씩 내디뎠다.

젊었을 적, 라디오 연속극을 들으며 상상의 나래를 펴던 때도 떠올려보았다. 오히려 들으면서 내 생각을 더 하니 재미있게 상상이 되었다. 책을 많이 못 읽는 내신 산으로 늘로 다니며 대자연을 마음에 심으리라. 누가 글을 읽을 때는 집중해서 들으면 될 것 같았다. 어느 방법이든 닥치는 대로 하자 마음을 다잡았다.

어처구니없는 발상을 수없이 되풀이하면서 스스로 못마땅할 때도 있었지만 그것이 대수는 아니었다. 하지만 그런 상상이라도 해야 불안하지 않았다. 엉뚱한 생각일망정 꿰맞추며 지낸 세월이었다. 거기다 시샘이 많은 나는 지기 싫어하는 근성까지 지녔다. 어지간히 시달림에 휘둘리며 나를 지탱해 온 나날이었다.

오랜 시간 한자리에 머무르다 보니 가는 길도 심심치 않다. 가장 두려워하던 곳에 가장 오래 머문다는 사실을 글을 쓰지 않고 못 견딜 마음이어서가 아니라 오랜 정 때문이었다. 살아가면서 무엇을 했느냐보다 누구를 만났느냐가 더 중요하다고 여겼다. 또 같은 길을 걸으며 마음을 나눌 수 있는 친구는 세상에 그리 많지 않다는 사실도 깨닫게 되었다. 복잡하고 험난한 길을 많은 생각을 하며 참으로 잘 참고 견뎌냈다. 후회는 없다. 날마다 할 일이 있으니 얼마나 감사한 일인가. 오랜 시간 그 길에 서 있다는 사실 또한 나를 지탱하는 힘이 되고 있다.

가끔 기억해 주길

유서로 남길 말이 떠오르지 않아 살아온 날을 돌아본다. 나이를 생각하면 길고 긴 세월인데 돌아보니 몇 자로 적어도 될 만큼 잠깐이다. 지나간 날이어서일까. 아름답던 시간만 스쳐 간다. 맏딸인 나는 어려서부터 엄마를 돕느라 이리저리 뛰어다니며 살았다. 할아버지가 일하면서도 재미있게 사는 법을 가르쳐 주셨고, 또 착한 동생들이 아둔한 나의 힘이 되어주었다. 지혜롭고 정이 많으셨던 할아버지, 언제나 공부를 열심히 해 기쁨을 안겨주던 여섯 명의 동생들은 살아가는 내 원동력이었다.

결혼해 아이를 낳아 기르면서도 그 기쁨은 연속되었다. 아이들이 태어나면서 제 팔자를 알고 나오는 것 아니냐는 이웃 사람들의 말을 들었을 만큼 바쁜 나를 봐주는 듯 자라주었다. 그런 아이들을 보면서 늘 감사한 마음으로 일했다. 삼 남매가 자랄 때는 물론 진학할 때도, 취업할 때도 실패라는 말을 몰랐으니 일을 하면서도 조금도 힘든 줄 모르고 내 일에 열중할 수 있었다.

내가 하는 일은 결혼할 신부들의 옷을 만드는 일이었다. 비록 밤을 새워야 할 시급한 일도 종종걸음 칠 일도 많았지만, 잘 맞고 잘 어울리며 날짜와 시간만 틀림없이 지켜준다면 신부들의 기뻐하는 모습을 볼 수 있으니 30년이란 세월이 가는 줄 모르고 살아냈다.

그리곤 지금의 생활이 이어졌다. 여행을 다니고, 아름다운 교정을 드나들고 친구를 만나며 내가 가장 두려워하던 글쓰기를 하고 있다. 글쓰기는 드레스 만드는 일보다 훨씬 힘들고 내 적성에도 맞지 않는다고 여겼다. 하지만 지금껏 포기하지 않고 취미를 붙이려고 노력하며 살아왔으니 스스로 대견하게 여길 뿐이다.

그뿐인가. 종종 들려오는 손자 손녀들의 소식은 우리 부부의 늘어지는 마음을 추스르게 하는 활력소가 된다. 외손자의 합창, 외손녀의 춤 솜씨를 보게 되는 즐거움은 나를 신바람 나게 한다. 또 지난해 외손녀가 원하던 대학에 순조롭게 진학했고 또 대학 생활에도 열심이다.

친손자 손녀는 아직 초등학교 저학년이지만 가끔 학교에서 일어난 일들을 전해주면 역시 내 새끼들이란 생각이다. 손자 손녀도 제 부모들처럼, 언니들 뒤를 발밤발밤 따를 것이라 믿어지니 나는 세상에 걱정할 일이 없는 것이다. 이만하면 그래도 행복했노라고 말해도 되지 않을까.

"내 귀여운 손자 손녀들아. 항상 만족하며 즐거운 마음으로 살고 간 이 할머니를 가끔은 기억해주길 바란다."

우엉 캐는 날

눈물

눈물이 흐른다. 자꾸 흐른다. 그래, 실컷 울어봐. 눈물을 흘려도 좋을 만큼 기쁜 날이니까.

"엄마 나 교수가 됐어. 부산 H 대학에."

막내아들이 전화로 알려준 소식에 눈물부터 앞섰다. 막내의 학창 시절은 암담하기만 했었으니 오늘 같은 날이 오리라곤 상상할 수조차 없었다.

고등학교 땐 장학금을 받을 만큼 교회 일을 도맡아 했다. 그렇게 그 일에만 열심이니 입시 공부는 뒷전으로 밀렸다. 아무리 타일러도 소용없었다. 시험 날짜는 다가오고 내 마음은 타들어 갔다. 그렇게 공부를 등한시하고도 원하던 대학은 아니지만, 집에서 가까운 H 대학에 합격해 그나마 다행이었다. 그 후 철이 난 듯 공부를 열심히 했고 성적도 쑥쑥 올랐다. 마음이 놓였다.

그 생각도 잠시였다. 한술 더 떠 데모에 참여하기 시작했다. 집에는 들르지도 않았다. 어디에서 무슨 일을 하는지 가끔 들어와 옷만 갈아입고 나갔다. 집 주변을 살피는 형사들이 자주 보였다. 어떤 날은 새벽부터 형사들이 쳐들어와 집안을 구석구석 샅샅이 뒤졌다. 오는 전화는 모두 자기들이 받았다. 아들이 어디 있는지 말하라고 협박까지 해 불안해서 견딜 수가 없었다.

그러던 어느 날이었다. 한밤중에 전화가 왔다. 막내가 병원에 있다는 것이다. 와들와들 떨면서 달려가 보니 머리 얼굴 팔다리 할 것 없이 하얀 붕대로 칭칭 감고 반듯하게 누워있었다. 앞이 캄캄했다. 주저앉고 말았다. 소름이 끼칠 만큼 부러지고 터지고 하다못해 앞니까지 부러져 흉한 꼴은 말로 다 할 수 없었다. 살아있다는 사실이 고마웠다. 아들의 아픔을 모르는 바 아니지만 날마다 옆에서 지켜보고 있으니 오히려 마음은 놓였다.

셋째 아이라 위 애들과는 달리 내 마음이 조금은 느슨해져 신경을 많이 못 썼다. 더구나 웨딩드레스 샵의 운영은 시간을 다투는 일이 많아 집에는 아이가 잠든 뒤에 들어갔고 언제나 일하는 할머니와 살았다. 밥만 먹으면 이웃 동갑내기 집에 가서 놀았다. 그 친구를 따라 교회도 다니면서 그런대로 공부도 잘하고 잘 커 준다고 마음을 놓고 있었던 것이 잘못이었다. 엄마의 정이 모자라 밖으로 나가 그 부족한 부분을 채우려 했던 어린 마음을 미처 헤아리지 못했었다.

퇴원을 한 뒤로는 사람이 달라졌다. 누워있으면서 무슨 생각을 했는지 전혀 생각지도 않던 대학원엘 진학했고 공부를 더 하겠다며 일본으로 건너갔다. 박사과정을 4년에 끝내고 그 학교에 2년여를 연구원으로 근무하더니 한국지질자원연구원에 입사했다. 벌써 5년이 흘렀다.

암울한 날들이 있었기에 기쁜 마음도 갑절로 오는가 보다. 오늘 소식을 듣는 순간 지난 일들이 한꺼번에 밀려오며 어디에 그리 많은 눈물이 고여 있었는지 감당이 되지 않았다. 사람 노릇 하기는 아예 글렀다고 생각했었다. 대학교 졸업장만이라도 취할 수 있기를 빌면서 불구를 면하게 된 것만도 감사하게 생각돼 아무 데나 절을 했다.

지난해 과학의 날 "청년 공학도 상"이란 큰 상을 받았을 때 나는 기쁜 나머지 "그렇게 밖으로만 돌더니" 그 말이 무심중에 나왔다. "엄마가 집에 없었으니까."라고 거침없이 말하는 아들을 보며 그제야 모두가 내 잘못이었음을 깨달았다. 어려서부터 정성을 다하고 사랑을 듬뿍 주었다면 저도 부모도 힘들게 살지는 않았을 것이다.

연구원이 된 것만으로도 더 바랄 것이 없었다. 교수는 꿈도 꾸지 않았다. 오늘은 기쁜 날이니 마음 놓고 울고 싶다. 연구원으로 안주하지 않고 꾸준히 도전하고 있는 막내아들이 고마워 눈물이 자꾸 흐른다.

대추나무 곰방대

이솝의 이야기를 읽으며 할아버지를 떠올린다. 어렸을 적 대추나무로 곰방대를 깎는 할아버지의 모습을 보던 때가 있었나. 대추나무 토막에 본을 뜨고 잘라 다듬어 곰방대가 되기까지 여러 날이 걸렸다. 할아버지는 그 곰방대를 만들어 늘 입에 물고 다니셨다.

대추나무 곰방대는 일본 순사들이 가장 탐을 냈다. 공연히 술도 사 오고 담배도 사 나르며 우리 집을 들락거렸다. 병을 고쳐주고도 술 한 잔을 마다하는 할아버지가 일본 순사들이 놓고 가는 물건은 아무 말씀이 없으셨다. 그렇게 몇 달을 오가고 나면 영락없이 마도로스파이프[곰방대]를 하나 만들어 달라며 굽실거렸다. 하지만 할아버지는 대답하지 않았다. 만들기 어렵다는 핑계도 대고 고운 빛깔의 대추나무가 없다면서 늘 대답을 회피했다. 시간이 많이 흐른 뒤에야 마지못해, "그러지" 한마디 해놓고는 빨부리를 못 구했느니 구멍을 잘못 뚫어 다시 만들고 있다느니 하며 돌려보내기 일쑤였다.

곰방대는 문갑에 몇 개가 들어 있건만 깎던 것을 마루턱에 두었다가 그들이 올 때면 가져다 깎으며 완성된 모습을 보여주지 않았다. 나무가 단단하기도 하고 모양 있게 깎으려니 빨리 깎을 수가 없다는 말만 거듭하셨다.

나는 그런 할아버지가 너무 이상했다. 우리 집에 드나드는 순사들은 말이나 행동이 예의 바르고 얌전하기만 했는데 할아버지는 그들에게만은 시선도 주지 않고 말도 잘 섞지 않았다. 지나가는 사람도 불러들여 먹을 것을 대접해야 직성이 풀리는 할아버지가 정말 알 수 없는 일이었다. 하다못해 밥을 얻으러 오는 거지도 상을 차려 주라고 하고 가져온 그릇에 밥을 넘치도록 담아 보낼 만큼 인정이 남다른 분이었다. 그 할아버지가 유독 순사들에게는 왔느냐는 말도 하지 않고 마당에 세워둔 채 그들의 하는 말만 듣다가 물 한 모금 주지 않고 돌려보냈다.

초여름 어느 날 학교에서 돌아오니 할아버지는 친구들과 살구나무 밑 평상에서 술을 들며 이야기를 나누고 계셨다.

"다음에는 자네가 올라오게"

한 친구가 할아버지를 향해 말을 하니 또 한 친구가 거들었다.

"우리 일 좀 도와주게나. 이참에 같이 올라가세."

"이 몸도 바쁘다네."

"이 촌구석에 틀어박혀 자네가 할 일이 무엔가."

"있구 말구!"

"자네의 말이 재미가 있다는 말투네."

"재미있지. 아주 재미가 있어."

"무에 말인가."

"꼬리 달린 인견人犬들 말일세."

"인견이면 꼬리가 없지 않은가."

"그런데 내 눈에는 꼬리가 보인디네."

"그 괴상한 인간이 어디 있는데."

"주재소에 있지. 그놈들 놀려주는 재미로 화를 삭인다네."

"어떻게 말인가."

"이것이 인견의 미낄세."

할아버지는 사물함에 보관했던 곰방대를 꺼내 앞앞이 안겨준다. 그제야 말뜻을 알아듣고 무릎을 치며 박장대소하던 친구가 또 한마디 했다.

"주인 행세하려고 남의 나라를 침략하더니 겨우 자네 앞에 인견 노릇하다가 가겠구먼. 머지않았어."

알 듯 말 듯 한 말을 하며, 집이 떠나갈 듯 통쾌하게 웃었다. 친구분들은 좋은 세상 오거든 다시 만나자며 헤어졌다.

얼마 안 있어 해방의 함성이 들렸고 일본 순사들은 모두 쫓겨 갔다. 할아버지께선 다시는 곰방대를 깎지 않았다. 물고 다니시던 곰방대도 소죽 끓이는 아궁이에 깊이 던져버렸다.

누구의 집인가

아침 일찍 시골집에 내려왔다. 청소를 마친 뒤, 마루에 걸터앉아 잠시 쉬고 있다. 어느새 지붕 꼭대기까지 올라가고 있는 호박넝쿨이 눈에 들어왔다. 그 시선을 시샘이라도 하듯 할미새 두 마리가 빨랫줄과 지붕을 오가며 유난히 삑삑거린다. 그도 모자라 마당에까지 내려앉아 잦은걸음으로 부산하다. 입에 무엇인가를 문 채 삑삑거리는데 불안한 몸짓이다.

오, 너희들이 벌써 새끼를 깠나 보구나. 지난해 있었던 사건이 생각나 마루로 올라가 선반에 오목한 그릇을 찾았다. 한 번 새끼를 기르던 그릇이라 올해도 당연히 거기에 낳았을 것 같아서다. 하지만 그릇은 동그마니 비어있다. 그러면 어디다 둥지를 틀었단 말인가. 여기저기 있을 만한 곳을 다 찾아봐도 보이지 않는다. 여전히 할미새는 찍찍 삑삑 흉내도 낼 수 없는 소리를 연발하며 우리가 앉아있는 마루 쪽만 주시하며 지절댄다. 나는 얼른 남편의 등을 떠밀며 안방으로 들어왔다. 우리가 방해꾼일 것 같아서다. 아니나 다를까. 문틈으로 새의 거동을 살피니 신발장 있는 쪽으로 훌쩍 날아오르다가 떨어지는가 싶더니 다시 날아오른다. 이번엔 제대로 들어간 모양이다. 한참을 지켜보고 있으니 두 마리의 새가 번갈아 들고나는데 언제나 입엔 무엇인가 물고 있었다.

조용한 틈을 타서 밖으로 나와 새가 드나들던 신발장 안을 살펴본다. 세상에! 새끼를 기를 곳이 하필이면 신장 안의 털신이란 말인가. 겨울에 신었던 털신을 새 신처럼 빨아서 제일 구석진 곳에 두었더니 그 안에다 둥지를 튼 것이다. 좁은 털신 안에 노란색 부리를 하늘로 치켜든 새끼들이 소복이 겹쳐 있다. 어미가 왔다고 착각한 모양이다. 세어 보니 부리가 다섯이다.

지난해도 이맘때로 기억한다. 오목한 그릇에 아욱 씨를 담아 마루 선반에 올려놓았었다. 씨를 뿌리기 위해 그 그릇을 내리다 말고 나는 소스라치게 놀랐다. 무엇이 뭉클하니 손에 잡혔다.

"이게 뭐야? 무엇이 넓은 땅 다 놔두고 하필이면 좁은 그릇 안에서 죽었어?"

역한 냄새도 나는 것 같아 얼른 고개를 돌려버렸다. 의자를 놓고 다시 들여다봤다. 회색과 갈색, 아니 여러 색깔의 털이 부스스하게 곰팡이 빛깔을 하고 엉겨있었다. 엉겁결에 그릇을 그 자리에 팽개치듯 던져놓고 물러났다. 하지만 냄새나는 것을 집안에 그대로 둘 수는 없었다.

장갑을 끼고 다시 의자에 올라 문제의 그릇을 들었다. 흉한 것을 보기가 싫어 고개를 돌린 채 버리기 위해 밖으로 나가고 있을 때였다. 이상한 울림이 손에 느껴졌다. 고개를 돌려보니 날갯짓 시늉하면서 그대로 땅바닥에 떨어지는 게 있었다. 놀라서 몇 발짝 물러서다가 떨어진 것을 다시 보니 그것은 냄새나는 털이 아니라 아기 새였다. 노란색 주둥이가 보였다. 모두 여섯 마리나 되었다.

조심스럽게 새를 담아서 놓여 있던 자리에 얹어놓았다. 어린 새도 감쪽같이 보호색을 띠며 상대방을 속이는데 그것도 몰랐으니 참으로 어리석다 생각되었다. 털과 냄새를 이용해 험난한 세상을 살아가는 새들의 지혜에 감탄이 절로 나왔다.

남편은 어느새 신발까지 뒷문으로 옮겨놓고 손짓으로 오라고 한다. 작년처럼 뒷문을 사용하자는 것이다. 새를 배려하는 마음이지만 나는 보통 불편한 것이 아니다. 가스레인지가 마루에 있으니 음식을 준비할 때도 새가 올 때마다 방으로 쫓겨 들어가야 하고 시원하고 넓은 마루를 두고 답답한 방 안에서 식사해야 하는데, 그렇지 않아도 뜰과 마루를 오르내리느라 힘든 집인데 새의 눈치를 보면서 뒤늦게 시집살이를 톡톡히 하는 셈이었다.

하지만 어쩌랴. 할미새도 마음 놓고 새끼를 낳고 기르던 집에 별안간 나타난 우리가 얼마나 성가시고 얄밉겠는가. 생각해 보니 새나 우리나 불편하기는 마찬가지라 생각되었다.

과연 이 집은 우리 집인가? 할미새의 집인가?

어느 여름밤의 소동

전깃불을 끄기 위해 일어설 때다. 뱀이 문으로 기어오르다 말고 잽싸게 장롱 뒤로 들어가고 있다. 순간 반대편 문을 박차고 뛰어나가며 고함을 쳤다.

"뱀이다, 뱀! 여보 빨리 나와 봐, 빨리!"

나는 어느새 마당까지 뛰쳐나가 숨이 막힐 듯 소리를 질렀다. 남편이 문간방에서 잠결에 뛰어나왔다.

"저기 내 방에, 빨리빨리!".

"뭐야. 웬 난리야. 이 밤중에."

"큰 뱀이 내 방에 있단 말이에요!"

남편을 보자 그 자리에 털썩 주저앉아 엉엉 울어버렸다. 한참을 울다 보니 기척이 없다. 너무나 조용하다. 둘러보고 내 방을 엿봐도 그이가 보이지 않는다. 무서워 도망을 친 건가. 어이가 없다. 남편까지 사라졌으니 울음도 나오지 않았다. 하기야 얼떨결에 남편을 소리쳐 불렀지만, 쥐만 봐도 도망치는 사람임을 잘 안다. 그렇다고 한밤중에 나를 혼자 내버려 두고 도망을 쳐!

캄캄한 이 시골집에 나 혼자뿐이다. 아니 그 무서운 뱀도 있다. 사방이 어두우니 더욱 무섭다. 여기저기서 뱀이 달려들며 내게 기어오를 것만 같다. 등골이 오싹해진다. 문간방으로 단숨에 뛰어 들어가 문을 잠갔다. 더듬어 불을 켜고 이리저리 살펴보니 모두가 뱀으로 보인다. 이제 어떻게 해야 하나 오금도 못 펴고 낙심천만으로 있을 때다. 뛰어오는 발걸음 소리가 들리고 이어 남편과 누군가의 소리가 겹쳐 들렸다.

대문을 들어서며 "여보 어디야?" 그들은 벌써 내 방으로 들어가는 모양이었다. 그제야 정신을 차리고 방으로 달려갔다.

"장롱 뒤 저기로 들어갔어요. 정말 큰 뱀이에요."

데리고 온 사람은 개울 건너에 사는 희길 엄마다. 그는 벌써 손전등을 비추며 장롱 뒤를 살피고 있다.

"저기 있네. 저 구석에 똬리를 틀고, 정말 큰놈인데! 집게를 가져와."

나는 얼른 그것을 가져왔다. 순간이다. 집게로 어떻게 했는지 뱀은 희길 엄마 손에 머리가 잡힌 채 몸뚱이로 팔뚝을 칭칭 감고 있다. 아니 감고도 남아 등 뒤에서 꼬리가 꿈틀거린다.

"이것 봐 힘이 보통이 아니야. 팔이 저려오는데." 희길 엄마는 '이까짓 것쯤이야' 하는 표정으로 겁에 질려있는 나를 바라보며 히죽 웃는다.

"야, 프로급이야, 프로급. 대단한 솜씨야." 남편은 연신 감탄한다.

"한밤중에 미안합니다. 뱀이라고 외치기에 무작정 그리로 뛰었지요. 뱀을 잘 잡는다는 희길 엄마가 제일 먼저 생각나더라고요. 염치없이 단잠을 깨웠습니다."

남편은 미안하고 고맙다며 인사를 하고 또 했다.

오늘 낮이었다. 한가한 틈을 타서 모기장을 미리 쳐놨다. 불을 켜놓고 일을 하려면 모기와 하루살이가 들이와 모기장 하나 칠 수가 없다. 또 해가 지고 어둠이 내리면 시골에는 볼거리도 많으니 미리 해놓지 않으면 낭패를 겪는다. 활짝 웃으며 샛노란 얼굴을 드러내는 달맞이꽃, 꽁무니에 불을 켜고 떠도는 반딧불이의 환상적인 무대, 먼 산에서 들려오는 소쩍새의 구슬픈 울음소리 모두가 해가 진 뒤에야 듣고 볼 수 있는 자연 속의 것들이다. 또 개울물에 발을 담그고 돌다리에 앉아 별을 바라보는 즐거움도 누려보려니 저녁밥도 일찍 해 먹고 서둘러 나서야 했다.

오늘 저녁은 유난히 별이 총총하고 반딧불이도 많이 떠돌고 있다. 몇 번이나 오솔길을 오르내리다가 아쉬움을 안은 채 방으로 들어왔다. 불을 켜면 모기가 날아들 것을 염려해 문을 닫아걸었다. 연속극을 보기 위해 TV를 켜고 모기장 안으로 들어가니 몹시 더웠다. 선풍기를 바깥문 쪽으로 틀어놓고 편안하게 이불에 기댄 채 연속사극을 보고 있었다. 모기장 가장자리에 둘러친 밤색 선이 선풍기 바람에 적당히 일렁거려주니 한결 시원하다는 느낌으로 열심히 보고 있었다.

'그 시원스럽게 일렁이던 것이 뱀이었던 것을….'

몇 시간 동안 세상에서 제일 싫어하는 그 징그럽고 끔찍한 뱀이 방 안에 있다는 것도 모른 채 편안한 마음으로 연속극을 보고 있었다. 생각만 해도 소름이 끼친다. 이리저리 나갈 곳을 찾고 있었던 것을, 모기장의 밤색 선이 선풍기 바람에 일렁이는 모습으로 착각하며 연속극에만 열중하고 있던 것이다.

기절 직전까지 몰고 갔던 뱀은 옴짝달싹 못 하고 희길 엄마 손에 잡혀 나갔다. 그런데도 집안 여기저기에 뱀이 기어 다니는 것으로 보여 자꾸 사방을 두리번거리며 오금을 펴지 못하고 있다.

됐어

"됐어…"

손녀가 제 오빠에게 내뱉는 말이다. 제가 오빠보다 밥을 더 빨리 잘 먹으니 내 걱정은 말고 오빠나 잘 먹으라는 뜻일 것이다. 손자가 멀뚱하여 시선을 돌린다.

며느리와 손자 손녀가 우리 집에 와 있다. 20여 일을 병원에 있다가 집에 오니 모든 일이 힘에 부쳐 며느리를 불렀다. 집에 온 지 닷새가 지났다. 거실에 자리를 깔고 누우니 아이들이 노는 모습이 한눈에 들어온다. 손자는 6살이고 손녀는 4살이다. 키는 손자가 훨씬 크지만 놀고 있는 모습을 보면 손녀도 만만치 않다.

조금 전에 며느리가 친구를 잠시 만나고 오겠다고 하더니 손자를 불러 몇 마디 일러놓는다. 할머니 심부름 잘하고 동생과 싸우지도 말고, 동생 밥 먹는 것도 잘 챙겨주란다. 너는 오빠니까 동생을 잘 보살피라며 신신당부를 하는 것이었다. 며느리가 나간 뒤 손자는 동생에게 다가간다.

"하연아, 우리 잘 놀자. 밥도 내가 먹여줄게."

오빠 노릇을 단단히 하고 싶은지 말하는 품새가 무척 다정하다. 그러나 손녀는 "됐어…" 한마디로 거절한다.

어제도 안방에서 하모니카를 서로 불겠다고 줄다리기를 하는 것 같아 저것들이 싸우면 어쩌나 걱정이 되었다. 하지만 금세 조용해지고 방안에선 삑삑 하모니카 부는 소리가 들렸다.

손녀가 빈손으로 나오는데 울지도 않고 토라진 모습도 아니었다. 도대체 어떻게 된 일일까 궁금했다. 하지만 손녀는 나를 보자 기분 좋을 때처럼 어깨를 으쓱하더니 내 곁으로 바싹 다가와 앉으며,

"할머니, 머리 아파?"

이마를 짚어주며 나를 빤히 쳐다본다.

"그래 하연이 손이 닿으니 금세 다 나았네."

대견해 손녀의 등을 토닥여주며 하연이는 참 착한 어린이라고 칭찬해주고 있을 때였다. 놀란 토끼처럼 일어나 안방으로 달려가는 것이 아닌가. 손녀는 어느새 하모니카를 들고 쫓기듯 달려오고 있다. 컴퓨터 방으로 무심히 가던 손자가 그제야 눈치를 채고 쫓아오다 말고 "조금만 불고 날 줘야 해, 알았지?" 하고는 돌아선다. 하연이는 크게 고개를 끄덕이며 "고마워"라고 깍듯이 인사를 하고는 그것도 부족한지 쫓아가 오빠를 한 번 안아주고 오는 것이었다.

하연이는 내게로 와 이마를 짚어주면서도 신경은 온통 제 오빠에게 가 있었나 보다. 하모니카 소리가 멈추고 오빠가 컴퓨터 방으로 건너가는 것을 본 순간, 잽싸게 달려가 갖고 싶었던 하모니카를 차지하는 아이, 얼마나 기뻤는지 얼굴엔 환하게 웃음꽃이 피었다. 손녀의 행동을 보며 나는

웃음을 참을 수가 없었다. 네 살배기 동생이 오빠의 마음을 꿰뚫고 있지 않았던가. 힘으론 당할 재주 없으니 싸우지 않고 이길 방법을 순간순간 찾아내는 손녀의 지혜가 남다름을 느낀다.

제 어미가 곁에 있을 땐 두 녀석 모두가 어리광만 부리는 철부지였다. 하지만 어미가 없으니 큰애의 행동이 달라진다. 동생을 데리고 미용실 놀이, 의사 놀이, 공놀이도 한다. 몇 번 서로 던지고 굴리며 재미있게 놀더니 그만 큰 공이 동생의 머리에 맞고 말았다. 금세 표정이 일그러지며 울어버리는 동생, 얼른 다가가 안아주며 "미안해"를 연발하는 오빠. 그 말이 고마웠던지 울음은 어느새 그쳤고 저도 오빠를 얼싸안는다.

오빠는 울음을 그친 동생이 고마운가 보다. 초콜릿도 나누어 먹고 야쿠르트도 냉장고에서 가져다주고, 엄마가 금방 올 거라며 동생을 안심시키기도 한다. 어디서 그런 소견이 나오는지 역시 오빠는 제값을 톡톡히 한다. 동생도 '됐어' 하던 때와는 달리 고분고분하게 오빠를 따른다.

남매의 노는 모습이 어른들의 사회생활과 비슷하다는 걸 느낀다. '사랑해' '고마워' 안아주고 쓰다듬어 주면서 서로를 이해하고 돕는 아이들. 어른들이 보고 배울 점이다. 세월이 흘러 저 아이들이 사회를 이끌어갈 때쯤이면 우리나라도 진정한 민주화를 이룰 것만 같다. 그것뿐이랴. 오랜 세월 반 토막인 한반도를 자연스럽게 통일로 이끌어가지 않을까.

손가락 점

부산에서 온 큰 봉투를 열었다. 할머니 셋이 나란히 앉아있다. 모두가 내 얼굴이란다. 노래하는 할머니는 7살 된 손자가 그렸고 머리를 요술 클립으로 말아 올린 멋쟁이 할머니는 5살짜리 손녀의 그림이다. 인자하게 표현한 며느리의 그림을 보고 또 보며 안도의 숨을 쉰다.

막내가 초등학교 일 학년 때의 일이다. 엄마를 그린, 제 그림이 뽑혀 교실 뒷벽에 걸렸다고 자랑하기에 따라가 봤다. 나는 그 그림을 보는 순간 울고 싶었다. 아이 눈에 비친 내 모습, 온통 밤색으로 된 그림이 엄마의 모습이라고 했다. 밤색 긴 원피스를 즐겨 입긴 했지만 얼마나 엄마가 마음에 들지 않았으면 얼굴까지 밤색으로 그렸을까 싶어 공연히 억울하고 속이 상했다. 직업 때문에 아이와 놀아주지 못했으니 당연하다 생각도 되었지만 그래도 그 그림이 늘 마음을 떠나지 않았다.

내 얼굴을 아이들과 그려서 보냈다는 며느리의 전화를 받고 순간 당황했다. 아들 집에서 내 얼굴 그릴 걱정을 왜 했는지 후회가 되었다. 또다시 실망스러운 내 모습을 보게 될 것 같아 자꾸 마음이 쓰였다. 막내가 그렸던 볼썽사납던 내 그림이 자꾸 되살아났다.

불안한 마음은 걱정으로 변했다. 그런데 내 얼굴이 손자, 손녀의 눈에 이렇게 보였디니. 완전 기쁘디. 세 개의 그림 중 이느 것을 택할 것인가. 또 고민이 되었다. 인자하게 그린 며느리의 그림도 좋지만, 노래를 부르고 있는 손자의 그림도 마음에 든다. 아니 보글보글 머리를 클립으로 말아 올려 멋진 할머니로 둔갑시킨 손녀의 그림이 더 마음을 끈다. 행복한 고민이지만 한 장을 골라야 한다. '자화상'을 주제로 한 수필 전시회에는 하나만 필요하니까.

선뜻 한 장을 고르지 못하고 어렸을 적처럼 하나하나 짚어가며 손가락 점을 치고 있다.

어 느 것을
고 를 까 요.
알 아 맞 춰 주 세 요.

최후의 한 잎까지

고추는 병으로 다 떨어졌고 잎만 무성하다. 약을 주지 않은 것이라 나물로 해 먹고 싶다. 하지만 남편이 좋아하지 않고 떠날 시간도 촉박해 미련을 버렸다. 생각은 그러면서도 싱싱한 고춧잎이 마음에서 떠나질 않는다.

고춧잎을 따지 않기로 했으니 빨리 떠나자고 남편에게 말하며 눈치를 살폈다. 좋아할 줄 알고 한 말인데 일하던 손을 털면서 "최후의 한 잎까지. 내가 거들어줄게."라며 바구니를 들고 밭으로 간다. 야채가 식탁에 올려있으면 "또 야."하던 사람이 최후의 한 잎이라니 어안이 벙벙하다.

남편은 생선과 밑반찬은 좋아하지만 야채를 먹을 때는 언제나 "참 힘들다."라며 마지못해 조금만 집어 든다. 그나마 우리 텃밭에서 기른 것이라야 했다. 야채를 많이 섭취하라는 의사의 말을 들은 척도 않는 그가 고춧잎을 훑는다며 앞장서 가니 별일이다 싶어 따라가 본다.

올해 야채 파동이 있었다고 하나 우리 집에선 별로 구애받지 않고 지냈다. 김치는 지난해 담근 김치를 먹고 텃밭의 모든 야채를 뜯어다 먹었으니 별 어려움이 없었다. 언제나 시골집에 오면 들로 산으로 다니며 나물

뜯기를 좋아하는 나를 보며 맛이라곤 없는 나물을 뜯느라 힘들게 산다고 핀잔이었다. 나물을 뜯어와 다듬고 데치고 헹구느라 늘 시간에 쫓기는 나를 거들어주기는커녕 빨리 서울집으로 가자고 재촉하곤 했다. "다시는 날 보고 먹으란 소리 하지 마."라고 엄포를 놓을 만큼 나물을 싫어하는 남편이었다.

한달음에 고춧대 앞에 선 그가 고춧대를 뽑아놓고 가을 햇살 아래서 일을 시작하고 있다. 옆도 돌아보지 않고 한 잎 한 잎 부지런히 따고 있는 그의 손놀림이 최후의 한 잎까지는 빈말이 아닌 듯 보였다. 얼른 나무토막 두 개를 가져다 그이를 주고 나도 깔고 앉았다. 하지만 고춧잎 반찬을 해놓고 끼니마다 남편과 신경전을 벌일 생각을 하니 따는 것만이 능사는 아닌 듯싶었다.

"이 고춧잎 무쳐놓고 또 당신과 싸워야겠네?"

"아냐, 열심히 먹을 거야. 약이다, 생각하고 먹으면 되겠지."

스스로 다짐을 하는 모양이었다. 요즘 텃밭에서 야채를 보면 남편은 그 전과는 다르게 한마디씩 했다. 친구들을 만나면 야채 이야기뿐이라면서 가까우면 나누어 먹었으면 좋겠다는 말도, 식당에도 김치가 나오지 않는다고도 했다. 우리 식탁에 김치찌개를 본 그는 "야! 김치찌개다. 요즘 김치가 금치라던데."라며 부지런히 먹는 것을 보면서 가끔 이런 세월도 필요하다는 것을 느낀다. 상추 쑥갓을 많이 뜯어오는 날은 아이들 집에 보내줬으면 좋겠다는 말도 할 만큼 그이는 달라지고 있다. 들려오는 소리마다 야채 이야기니 그 귀함을 늦게나마 알게 된 것이리라.

올해는 많은 사람이 야채 파동으로 인해 고생했다. 배추 파는 곳에서는 새벽부터 몇 시간씩 줄을 서 있는가 하면 김치코너가 없어졌다고 한숨이었다. 덩달아 야채값도 그에 못지않았으니 끼니때마다 주부들의 걱정이 이만저만이 아니었으리라. 이번 야채 파동은 모든 사람에게 귀한 보약이 되었을 것 같다. 세상 돌아가는 일에 둔감한 남편까지 야채의 귀함을 알게 한 야채 파동, 이 순간부터는 스스로 야채를 찾는 남편이 되었으면 하는 바람으로 고춧잎을 딴다.

이것도 내 복이야

여행에서 돌아와 가방을 정리하고 있다. 낯선 비눗갑이 있어 얼른 열어본다. 더운 날씨에 지친 마음을 상큼한 향기로 어루만져주던 그 비누가 발그레한 얼굴로 인사를 한다. '어떻게 된 거야. 내 가방 속에 언제 들어왔어?' 다시 만난 기쁨에 알아듣지도 못하는 비누에게 말을 하고 있다.

며칠 전 둘째 형님 내외분과 함께 여행지에 도착해보니 대구 시동생 부부가 먼저 와서 우리를 기다리고 있었다. 서둘러 가져온 짐을 정리하고 나니 땀이 줄줄 흘러내려 급히 샤워실로 들어섰다. 샤워실 안은 비누 향기로 가득했다. 밤잠 설치고 달려가느라 피곤했던 몸과 마음을 한꺼번에 날려 보낼 만큼 은은하면서도 산뜻한 향기였다. 여름방학이면 들러주는 우리를 주인이 기억했다가 올해는 특별히 마음을 써준 것으로 생각했다. 잊지 말고 인사를 해야겠다는 마음으로 부지런히 샤워를 마치고 거실로 들어섰을 때였다. 비누 냄새가 마음에 들었느냐며 동서가 쳐다본다.

동서였구나! 어떻게 그런 생각을 했지? 언제나 동서 부부는 나를 감동시키는 재주를 가졌다. 덕분에 기분이 상쾌하여 날아갈 것 같다고 하니 인사받을 사람은 동서가 아니란다. 선물 받은 비누 향기가 썩 좋으니 형수님들도 좋아하지 않겠느냐며 남편이 포장지까지 벗겨다 놓더라는 것이다.

대구 서방님은 인사성 밝고 다정다감한 분이다. 아나운서로 평생을 사셨으니 말솜씨야 그렇다고 하겠지만 마음 씀씀이 역시 그에 뒤지지 않는다. 매사에 빈틈이 없고 언제나 베풀기 좋아해 인기가 만점이다. 어디서나 잘 어울리는 꼭 필요한 사람이라고 말들을 한다. 해마다 우리 동인지를 받아 보며 인사를 빼놓지 않는다.

"명년에도 좋은 작품 기다리겠습니다."

동인지를 읽었을 때 부담 없이 읽을 수 있고 잔잔한 감동이 인다는 칭찬의 말은 물론, 동인들의 안부까지 물어본다. 정말 글을 쓰고 싶게 하는 재주를 지닌 사람이다.

동서 역시 인정이 넘친다. 지금 여행 가방에서 내놓은 물건 중에도 동서가 준 것들이 여러 개 보인다. 뙤약볕엔 목을 가려야 된다며 둘러주던 꽃무늬가 그려진 보드라운 큰 손수건, 시원한 무늬의 타월, 감촉이 좋은 속옷, 덧버선, 장갑 등 어디서 그렇게 실용적이고 마음에 드는 것들을 골랐는지 모르겠다. 지니고 다니면서 긴요하게 쓰게 되는 것들이다. 부부는 살아가면서 닮아간다지만 시동생 부부처럼 같은 마음을 지닌 부부도 흔하진 않을 것이다.

이번 여행에서만 해도 작은 비누 한 개로 내 마음을 즐겁게 해주었다. 날마다 사용하는 늘 보는 흔하디흔한 비누다. '향기가 좋으니 형수들도 좋아할 것'이란 생각을 어떻게 했을까. 하찮은 일 같지만 아무나 할 수 있는 일은 아니잖은가. 만날 때마다 그 같은 일을 겪으며 닮아보려고 마음에 새기지만 곧 잊어버리고 만다. 마음이 따르지 못하니 행동 또한 따를 수가 없어 늘 미안한 마음이다. 말을 하다 보니 궁색한 변명이 절로 나온다. 친구가 들려준 얘기지만 재산을 많이 물려받게 된 며느리가 부모님께 고맙다는 말은커녕 "이것도 내 복이야." 하더라는 것이다. 나 또한 살갑게 나를 챙겨주는 시동생 부부를 동서로 두었으니 "이것도 내 복이야." 자랑하고 싶다.

삼 형제가 만나면 언제나 재미있다. 무슨 이야기가 그리도 많은지 시간 가는 줄 모른다. 동서들도 마찬가지다. 그 형제들이 서울과 대구에 떨어져 살고 있으니 집안에 큰일이 있을 때 외엔 이렇게 일 년에 네다섯 번 만나 여행을 하는 게 고작이다. 둘째 아주버님은 동생들과 여행 다닐 때가 제일 행복하단 말씀을 자주 하신다. 나 역시 며칠을 함께하다 헤어질 때는 아쉬움이 많이 남는다.

짐을 풀고 있는 방안에 은은하고 상큼한 비누의 향기가 출렁이고 있다.

혹 떼려다가

손녀가 걱정된다며 오늘은 남편이 먼저 전화를 한다. 며느리와 몇 마디 주고받더니 “어린것에게 상처를 주면 안 되지, 잘했다.”라며 수화기를 놓는다. 한참 말없이 앉아있던 남편은 “조금이라도 도와주어야겠어. 저희가 더 알뜰히 살면 된다지만 아이를 둘이나 유아원에 보내면서 그게 쉬운가. 혹을 떼려다가 더 큰 것 달고 왔다.”라며 웃는다.

두 돌이 가까워져 오는 손녀가 며칠 전까지만 해도 기저귀를 차고 다녔다. 여아가 성장이 더 빠르다고 생각했는데 손녀는 그렇질 못했다. 거기다 말까지도 더뎌 ‘엄마, 아빠’ 이외엔 정확히 하는 말이 없다. 날이 더워지니 제 어미가 소변을 가리게 하려고 무척 애를 쓰는 모양인데 올 때마다 기저귀를 차고 있다. 그 엉덩이를 실룩거리며 다니는 손녀가 한층 귀여운데 며느리는 내 마음과는 다른가 보다. 느긋하게 기다려보라고 일렀는데도 하루빨리 기저귀 벗길 궁리만 하는 것 같다.

며칠 뒤였다. 며느리는 내가 전화를 받자마자 손녀가 기저귀를 벗었다는 자랑부터 했다. 제 오빠가 다니는 놀이방 선생님과 의논을 했단다. 2

주일만 오빠 따라 보내면 소변을 가리게 될 것이라고 해 그날로 딸려 보냈다는 것이다. 며칠 만에 거짓말처럼 기저귀를 벗었다며 어지간히도 기쁜 모양이었다. 며느리가 또 전화를 했다. 아직 약속한 날짜가 남았지만, 오늘부터는 놀이방에 가지 말고 엄마와 놀자고 했단다. 그때부터는 선 자리에서 꼼짝도 하지 않고 울다가 놀이방 차가 오니 엄마 손을 암팡지게 뿌리치고 달려가 올라타며 뒤도 돌아보지 않더란다. 아이 기르기가 이렇게 어려운지 몰랐다며 전화를 끊었다.

그다음 날부터는 제 오빠보다 먼저 일어나 세수하고 밥도 빨리 먹는다고 했다. 옷도 제 맘에 드는 것으로 골라 입고 놀이방 차가 오면 잽싸게 올라타고 천연덕스럽게 앉아 간다니 며느리의 걱정이 날이 갈수록 더해갔다. 손녀의 하루하루 행동을 며느리로부터 전해 들은 남편은 "말도 못하는 녀석이 그러다 말겠지."라며 걱정할 것 없다고 안심하라며 며느리를 달랬다.

놀이방에서도 나이가 모자라 정식으로 받아들일 수는 없지만. 막무가내로 놀이방을 좋아하니 며칠만 더 보내보라고 했단다. 그런 사정을 듣고 난 할아버지는 한두 푼이 아닌 원비를 모른 척할 수가 없나 보다. 오히려 착한 것이 울 줄 알고 떼쓸 줄도 안다니 숙맥은 아니라며 손녀가 귀엽기만 하단다.

손녀는 착하고 순하기만 했다. 나는 '천사표'라고 불렀다. 며칠 동안 우리와 함께 있을 때도 우는 모습을 본 적이 없다. 누구에게나 잘 안기고, 음식도 가리지 않아 별로 신경 쓸 일이 없는 아이다. 제게 준 선물도 오라비에게 다 빼앗기고 주변을 돌다가 한 개라도 줍게 되면 좋아서 어쩔 줄 모른다. 그뿐인가. 제 오라비가 책상 앞에 앉아 공부하고 있으면 저도 종이 한 장, 연필 한 자루 얻어 들고 얌전히 앉아 오빠를 따라 하는 것이다.

손녀가 며칠 새 많이 변했다고 며느리는 서운하단다. 하지만 엄마와 정해진 공간에서만 생활하다가 다른 세상을 접하고도 별 반응이 없는 아이라면 오히려 생각을 해봐야 하지 않을까. 아직 말도 못 하는 손녀지만 마음속은 꽉 찼다는 생각이 든다. 선생님 앞에서는 어떤 모습일까. 선생님의 말씀을 제대로 알아듣기나 할까. 제 마음은 어떤 식으로 표현하며 노래라도 따라 부르는지 궁금한 것투성이다.

제 어미는 암팡지게 손을 뿌리치고 가는 딸에게 배신감까지 느꼈다 하고, 할아버지는 혹을 떼려다가 더 큰 것을 달고 왔다고 했다. 하지만 손녀가 더 큰 혹을 달고 왔는지 떼어버리고 왔는지는 두고 볼 일이다.

몇 대 손이나 될꼬

이른 아침이다. 아파트 주차장에 가득 들어찬 승용차를 내려다보고 있다. 많은 차를 보는 순간 친정 할아버지의 말씀이 어제 일처럼 떠오른다.

"괴물의 후손들."

그러나 그것들은 미끈하게 생긴 데다 순한 양처럼 엎드려 있으니 괴물과는 거리가 멀다. 하지만 오래전 돌아가신 할아버지께선 분명히 그렇게 말씀하셨다.

내가 결혼하기 전, 남동생과 서울에서 자취하고 있는데 시골에서 할아버지가 올라오셨다. 시외버스 종점인 을지로 6가에서 할아버지를 모시고 신당동 집으로 가는 도중이었다. 신호를 기다리며 건널목에 서 있는데 차들이 꼬리에 꼬리를 물고 지나가고 있었다. 그 차들을 주의 깊게 바라보시던 할아버지가 불쑥, 한마디 하셨다.

"저것들이 괴물의 후손들이냐?"

느닷없는 물음에 무슨 말씀인지 나는 어리둥절했다. 그러나 금세 그 말이 무엇을 뜻하는지 알 수 있었다.

"예 맞아요. 그렇지만 그런 말이 어디 있어요. 할아버지."

터져 나오는 웃음을 억지로 참으며 대답했다.

"그놈들, 후손을 많이도 퍼뜨렸군. 새끼들이 쫓아가느라 고생이 말이 아니구먼. 영 딴 바탕이 태어났어. 저 쬐그만 놈들은 몇 대손이나 될꼬." 라며 크게 웃으셨다.

할아버지가 청년이었을 때의 일이니 90년이 넘은 이야기다. 충청도 벽촌에서 살고 있어서 자동차라는 물건이 있는지조차 모르던 시절이었다. 오직 우마차가 지금의 자가용 역할을 하고 있었다. 어느 날 한길 옆에 있는 밭에서 일하고 있는데 멀리 산모롱이 쪽에서 요란스러운 소리가 들렸다. 급히 일어나 소리가 들리는 쪽을 보니 시커멓고 덩치가 엄청나게 큰 괴물이 나타났다. 눈빛도 번쩍번쩍 빛났다. 순간 가슴이 철렁 내려앉았다. 할아버지는 마음을 다잡았다. 얼마나 억센 놈이기에 시퍼렇게 밝은 대낮에 겁도 없이 나타나서 대로를 활보하는가. 다시 정신을 바짝 차리고 그놈을 자세히 살펴봐야겠다고 마음을 굳게 먹었다. 보리밭에 몸을 숨기고 고개만 조금 들어 그 괴물을 막 보려는 순간이었다.

눈 깜짝할 사이였다. 빵빵 벼락 치는 소리를 지르며 앞을 지나쳐 번개처럼 사라졌다. 흙먼지를 일으키며 내달으니 자세히 보기는커녕 큰 괴물이란 것밖에 아무것도 알 수가 없었다. 할아버지는 생전 처음 보는 괴물인데다 벼락보다도 더 큰 소리에 놀라 단걸음에 집으로 들어왔다. 가족 모두를 불러들이고 대문 밖을 나가지 못하도록 단단히 일러놓고 출입을 삼가셨다.

며칠이 지나도록 그 괴물은 나타나지를 않았다. 그렇다고 마음 놓고 나다닐 수도 없었다. 갑자기 기습공격을 받을 것 같아 마음을 놓지 못하고 아무것도 손에 잡히지 않을 때였다.

주재소에서 순사가 찾아왔다. 구세주라도 만난 듯 자초지종을 이야기하며 그 괴물을 꼭 잡아달라고 부탁했다. "우리도 그 괴물을 보았습니다. 엄청나게 크고 무섭게 생겼더군요. 괴물을 보고 많이 놀라셨습니까? 앞으로는 그 괴물이 자주 나타날 것입니다. 사람은 절대 해치지 않는 착한 괴물이니 안심하십시오. 그놈을 트럭이라고 부른답니다." 하고 돌아갔다.

그 뒤 가끔 나타나는 그 괴물이 절대 사람을 해치는 일은 없었고 사람이 앞에 앉아 조종한다는 사실을 알게 되었다. 하지만 그때 얼마나 놀랐던지 평생을 트럭이나 자동차라는 이름은 아예 접어두고 괴물의 후손이라고 이름 지어 부르셨다. 그리곤 그때의 상황을 재미있게 엮어 우리에게 들려주시던 이야기 목록 제1호였다.

지금은 그 괴물의 후손을 집집이 한두 대씩, 아니 식구마다 보유한 집도 있다. 할아버지처럼 무섭다고 느끼기는커녕 기동력 있는 필수품이 된 지 오래다. 우리 아파트 주차장도 처음은 텅텅 비어 있었다. 주변 아이들이 모여들어 축구를 하며 마음껏 뛰어놀던 운동장이었다. 그 비어 있던 주차장이 어느새 그 괴물들로 만원을 이루고 있다. 이른 아침 내려다보면 차 한 대 겨우 빠져 다닐 만큼 좁다란 길을 만들어 놓고 모두 엎드려 있다.

그 길에 빨간색 차가 기어들어 오며 주차할 곳을 찾고 있다. 위에서 내려다보니 빨간색 차는 앙증맞고 예쁘기만 한데, 할아버지의 말씀이 또 떠오른다.

“저 쬐그만 놈은 몇 대손이나 될꼬.”

향기를 수놓다

꽃무늬 보자기

서랍에 넘쳐나는 보자기를 보면서 고모를 떠올린다. 애지중지 손에서 놓지 않던 꽃무늬 보자기가 생각나서다. 흰 명주에 꽃을 그려 그 둘레를 흠질해 잡아당겨서 실로 챙챙 감아 진분홍 물을 들인 꽃무늬 보자기다.

그 보자기에는 고모가 받았던 편지와 일기장이 들어있었다. 학교에 들어간 고모가 보자기를 갖고 싶다고 했다. 엄마는 말이 없던 시누이가 처음으로 속마음을 말하니 무척 고마웠다. 하지만 장롱을 다 뒤져도 보자기를 만들 보드라운 천이 없었다. 엄마가 시집올 때 외할머니가 눈물을 훔치며 목에 둘렀던 것을 풀어 시집가는 딸의 목에 둘러주었던 흰 명주 목도리가 있을 뿐이었다. 외할머니 생각을 하며 아껴두었던 것이지만 반으로 잘라 중심을 이어주었다. 고모는 그것을 꽃무늬 보자기로 만들어 늘 안고 다니더니 가마를 타고 시집갈 때도 함께 가지고 갔다.

엄마가 17살에 시집을 와서 보니 9살 된 시누이가 살림을 하고 있었다. 집안은 휑한 바람이 불고 세 사람뿐인 식구는 서로 말이 없었다. 살림살이 역시 엉망이었다. 시어머니가 안 계시다는 말은 듣고 왔지만, 9살짜리가 살림을 하리라곤 짐작도 못 했다. 오던 날부터 어린 시누이가 가장 마음을 아프게 했다. 학교에 갈 나이가 지났는데 살림을 하고 있었으니 불쌍해 견딜 수가 없었다. 엄마는 당장 부엌문을 닫아걸고 물을 데워 목욕을 시켰다. 머리를 빗겨 곱게 땋아 댕기를 드리고 보니 입던 옷이 모두 작고 낡아 입힐 옷이 없었다.

장롱에서 천을 찾아내 엄마가 어렸을 때 입었던 모양의 옷을 만들었다. 입혀보니 인형처럼 예뻤다. 시누이를 데리고 가서 학교를 보내자고 말씀을 드렸지만, 시아버지는 사랑방에서 꼼짝하지도 않으셨다. 날마다 저녁을 일찍 해 먹고 엄마가 시누이에게 한글을 가르쳤다. 글을 가르쳐준 지 얼마 안 되었는데 배달된 편지를 뜯어 더듬더듬 읽고 있었다. 산수도 기초를 가르쳐주었을 뿐인데 문제를 내어줄 때마다 곧바로 풀어서 앞에 가져다 놓으며 엄마 표정을 살폈다. 얼마나 기특하던지 시누이를 와락 끌어안고 울었다고 했다.

며칠을 생각한 끝에 시누이를 데리고 학교를 찾아갔다. 선생님은 신학기가 얼마 남지 않았으니 그때 오라는 말뿐이었다. 하지만 비어있는 뒷자리에 앉아만 있게 해달라고 사정하고 돌아왔다.

일제 강점기라 학교에선 일본어로만 가르쳤다. 한글을 막 익힌 뒤라 헷갈려 따라가지 못하면 어쩌나 걱정하며 왔는데 시누이는 집에 돌아와서도 잠시도 쉬지 않고 책을 읽고 쓰며 열심이었다.

고모는 깊은 밤 바느질하는 엄마 옆에 와서 공부하다가 모르는 것이 있으면 묻곤 했다. 학교에 간 지 두 달 만에 통지표를 가지고 왔다. 성적과 함께 편지가 들어있었다. 1학년 책을 완전히 깨우쳤고 전 과목이 우수하니 2학년으로 올려도 되겠다는 반가운 편지였다. 그 후 졸업할 때까지 1등을 놓치지 않았다고 엄마는 우리에게 고모 자랑뿐이었다.

나 또한 늘 나를 챙기며 데리고 다니는 고모가 좋았다. 내가 입학하던 날이었다. 고모가 쓰던 것을 모두 내게 주었다. 책은 물론 상품으로 받았던 몇 다스의 연필, 필통, 지우개, 자, 정갈하게 손질해 두었던 옷들을 수북이 내어놓았다. 나는 그 옷을 입고 학교에 다녔다. 집에 온 뒤에도 벗어놓지 않고 공연히 동네를 오르내렸다. 보는 이마다 어렸을 적 고모를 빼닮았다는 말이 왜 그렇게 듣기가 좋던지 입은 옷을 벗기가 싫었다.

내가 가장 좋아 따르던 고모가 시집을 갔고 아들을 낳아 기르며 행복하게 살았다. 친정에 올 때면 그 꽃무늬 보자기에 일기장을 싸 들고 와 엄마에게 보여주며 모두가 언니 덕분이라고 눈물을 흘리곤 했다. 어떤 날은 밤을 새워 이야기하다가 고모는 날밤으로 돌아갔다.

더없이 재미있게 살던 고모 집에 날벼락이 떨어졌다. 6·25 전쟁이 나던 해 어느 날 밤 고모부가 한밤중에 불려 나간 후 영 돌아오지 않았다. 여기저기 수소문했지만 납치되었을 것이라는 말뿐이었다. 고모는 마음을 잡지 못하고 친정과 시집을 오갔다. 늘 웃음이 가득하던 얼굴에 그늘이 내리더니 시름시름 앓아 누었다.

병이 점점 깊어진다는 소식이 들려오던 어느 날이었다. 고모가 찾는다며 엄마를 데리러 왔다. 나도 따라나섰다. 고모는 우리를 보고도 몸을 일으키지 못할 만큼 축 늘어져 움직이지 못했다. 엄마는 고모를 끌어안고 한없이 울었다. 그러는 엄마에게 장롱을 가리키며 알아들을 수 없는 말을 계속했다. 엄마는 용케도 그 말을 알아듣고 장롱에서 꽃무늬 보따리를 꺼내 들고는 차마 고모 곁을 떠나지 못하고 울기만 했다.

우리가 다녀온 지 이틀 만에 고모의 나이 29세로 다시 올 수 없는 먼 길을 떠나셨다. 엄마는 세상을 다 잃은 듯 슬퍼했다. 날마다 보따리를 끌어안고 울었다. 일기장에는 고모부와 엄마 이야기뿐이었다. 자기를 딸처럼 잘 키워 시집을 보내준 고마움을 절절히 적고 있었다. 엄마 역시 시누이에게 남편까지 빼앗아 간 세상이 야속하다며 울음을 그칠 줄 몰랐다.

할아버지는 날마다 울고만 있는 며느리를 달래다 못해 그 보따리를 몰래 가져가 고모의 무덤에 묻고 왔다. 고모부에게 전해 달라는 딸의 한 맺힌 유언이 든 보따리를 들고 가는 내내 가슴을 후벼팠지만, 며느리마저 잃을 것 같은 불길한 생각이 들어 마음을 모질게 먹었다며 한숨지으셨다. 고모가 떠나던 날은 우리 엄마가 쏟아내는 눈물처럼 비가 주룩주룩 내리고 있었다.

두 사람을 위한 공연

병원 복도에서다. 심전도실을 향해 부지런히 걷고 있는데 휠체어가 내 앞을 가로막는다. 비켜서 걸으려니 다시 막아서는 휠체어, 그제야 막아선 이를 본다. 내 앞을 가로막은 이는 희아 엄마였다.

몇 년 전 2인용 병실에 같이 있던 당뇨 환자이다. 그는 또 입원하고 있다며 진료가 끝나면 꼭 들러 달라고 병실을 가르쳐 주다가 나를 따라온다. 연락처를 알아두지 않아 후회했던 날을 생각하니 이대로는 안 되겠단다. 진료가 끝나면 꼭 찾아가겠다는 말을 몇 번이나 했는데도 내 말을 믿을 수 없나 보다. 그는 한 시간이나 기다려 나를 자기 병실로 데리고 갔다.

그는 입원한 지 달포가 지났지만, 아직도 치료를 더 받아야 한다는 것이다. 휠체어에서 침대로 오르는데 쩔쩔매기에 보니 오른쪽 다리를 절단한 상태였다. 그에 이 지경이 되었구나! 나는 울컥 목이 메어왔다. 힘을 다해 그를 거들어 올려주며 같이 있었던 때를 떠올린다.

몇 년 전이다. 인공심장 박동기의 수명이 다되어 입원했다. 수술하고 나니 이상하게도 혈압이 떨어지지 않는다며 간호사들이 신경을 곤두세우며 오갔다. 사흘이 지난 뒤에야 중환자실에서 2인실로 옮겼다. 기계를 몇 개씩 연결한 채 입원실로 왔으니 꼼짝도 하지 못하고 천장만 올려다보고 있었다.

맞은편 침대에서 노랫소리가 들렸다. 들릴 듯 말 듯 고운 소리는 무엇을 갈구하는 듯 호소력 있는 노래였다. 아니 음악 감상실에 온 듯 착각이 들었다. 구노의 「아베 마리아」부터 알고 있는 곡은 다 찾아 불렀다. 내가 가장 부러워하는 성대를 지닌 여인과 병실을 함께 쓸 수 있다니. 비록 병실이긴 하지만 감사했다.

그의 노래는 괴로움도 잊을 만큼 마음의 평온을 주었다. 빨리 그를 보고 싶었다. 하지만 커튼까지 내리고 꼼짝하지 않고 있으니 볼 수가 없다. 그는 내 마음을 알기라도 하는 듯 낮이나 밤이나 노래를 불렀다. 가끔 동요나 가곡, 팝송도 부르니 그 멋진 모습을 상상하며 병원 생활이 더없이 행복했다.

입원실에 온 지 3일이 되던 아침, 내 몸에 연결했던 기기들을 모두 떼어 갔다. 모처럼 자유를 얻었다는 기분에 복도로 나섰다. 처음은 어지러웠지만 금세 괜찮아져 부지런히 걸었다. 복도 끝에서 발을 되돌려 걷다 보니 노랫소리가 또 들렸다. 바로 우리 병실을 지나고 있었다. 반가운 마음에 병실로 들어와 살그머니 커튼을 들추는 순간 눈이 마주쳤다. 민망해 얼른 놓으려는데 누구냐며 일어나 앉는 환자는 노랫소리만큼이나 정겨워 보였다. 나보다는 조금 젊은 여인이었다. 우리는 그날로 서로를 찾고 위로하는 친구 사이가 되었다.

그는 오랜 당뇨병으로 한쪽 발목을 절단해야 할 만큼 심한 상태라고 했다. 하지만 그는 의사의 말을 듣지 않고 이대로 살다가 갈 것이라며 고집을 부렸다. 평생을 무대에서 노래를 부르고 가르치던 사람인데 무대에 설 수 없고, 가르칠 수도 없다면 차라리 죽는 것이 낫겠다고 울부짖었다.

결국 그는 그때 잘못 생각으로 두 번의 절단 수술을 거쳤다며 한숨지었다. 목발과 휠체어에 의지해 사는 삶. 그때와는 많이 달라 있었다. 발목이 아니라 대퇴부까지…. 눈물 없이는 그 불편한 모습을 바라볼 수조차 없었다.

그의 기막혔던 지난날의 이야기를 듣다 보니 어느새 어둑해졌다. 몰랐을 땐 몰라서 그랬지만 이대로 일어설 수는 없었다. 한 병실에 있을 때처럼 함께 밤을 보내기로 마음먹었다. 그가 하던 말이 생각나서다. 노래를 부를 땐 그 노래를 부르던 무대를 떠올리게 되고 또 환호하는 청중들을 생각하며 행복에 젖는다고 했다. 오늘 저녁만이라도 함께하며 그를 기쁘게 해주고 싶었다. 우선 맞은편 환자에게 양해를 얻었다.

우리를 위해 노래를 불러 달라고 정중히 부탁했다. 그리곤 환자 침대에 청중이 되어 나란히 앉았다. 그는 사양하지 않았다. 우리를 바라보며 자세를 고쳐 앉더니 공손히 인사를 한다. 꼭 무대에서처럼, 두 손을 모으고 많은 청중을 향해 부르듯 노래를 불렀다. 그의 진지함이 연주회에 온 듯 착각이 들었다.

반주도 없는, 단 두 사람을 위한 공연. 비록 환자복을 입고 있지만, 그의 마음은 벌써 우아한 드레스를 입고 화려한 무대에서 청중을 향해 노래를 부르고 있으리라. 그의 모습이 더없이 행복해 보였다.

물과 꽃의 정원

수생식물이 어우러진 세미원洗美苑을 찾았다. 친구들과 마음 놓고 수다를 떨 수 있어 좋고, 답답하던 마음이 확 트이는 것 같아 혼자서도 가끔 들르게 된다. 초여름부터 서늘한 바람이 불어올 때까지 도시에선 볼 수 없는 여러 종류의 연꽃과 또 다른 볼 것들이 세미원엔 가득 넘친다.

불이문不二門을 들어서면서부터 볼거리는 끝없이 이어진다. '우리내'를 건너 작은 둔덕에 오르면 광개토대왕비가 우뚝 서 있고 조금 떨어진 곳에 한반도형 연못이 나타난다. 백두산에서 제주도, 독도까지 꾸며 놓은 이곳에는 백의민족을 상징하듯 흰 수련이 청초하게 피어있다. 꽃을 감상하며 한반도를 한 바퀴 돌아 우리내로 들어선다.

졸졸 흐르는 냇물에는 징검다리가 놓여 있고 그 징검다리를 밟고 건너는 기분은 상큼하기 그지없다. 어렸을 적 우리 집 앞 개울의 고르지 못했던 징검다리와는 비교가 안 될 만큼 매끈한 돌다리가 길게 늘어서 길을 인도한다. 냇가에는 창포, 마가렛, 파초 등 여러 가지를 심어놓아 흐르는 물과 잘 어우러지도록 가꾸어 놓았다. 그들에게 시선을 주며 한발 한발 건너다보면 어느덧 항아리 분수 앞에 이른다. 장독대를 연상시키듯 모여 앉은 크고 작은 항아리들, 거기서 뿜어 올리는 분수 또한 시원스럽다.

작은 원두막을 지나면 연꽃축제다. 봉긋이 꽃대를 올려 수줍은 듯 입을 다물고 있는 새침데기 봉오리들과 막 피어난 연꽃의 해맑은 미소가 넘쳐난다. 그뿐인가. 크고 윤기 흐르는 연잎에는 밤에 내린 이슬이 옥구슬처럼 구르고 있다. 아침에 잠시 나타났다 사라지는 순간의 볼거리다. 또 꽃잎도 떨어지기 전 꽃술을 밀고 올라온 연미색의 앙증맞은 연밥, 밤송이 안에 웅크린 밥알처럼 귀엽기 그지없다. 그 모습 또한 자주 볼 수 없는 귀한 모습이다. 금세 몸집이 커버린 초록색의 연밥은 연꽃에 질세라 대궁을 길게 밀어 올리고 점점 짙은 색으로 무르익어간다. 그 익은 연밥 역시 색을 맞추듯 어우러져 있다.

연못에는 수련이 가득하다. 가지각색의 수련, 연꽃처럼 화려하지는 않지만 잎과 꽃송이가 작고 또렷함이 창포에 머리를 감아 빗은 쪽 찐 여인이다. 어미 오리를 요리조리 미끄러지듯 따라가는 귀여운 새끼 오리들을 만날 때는 어렸을 적 어머니를 졸졸 따라다니던 우리 형제들의 모습이 저랬을까.

세미원을 드나든 지 여러 해가 되었다. 처음엔 여러 종류의 연꽃을 보기 위해 들렀지만, 연꽃 이외에도 계절 따라 많은 종류의 식물을 가꾸어 놓아 올 때마다 볼거리가 많아진다. 또 한강을 가로지른 양수대교 밑은 언제나 쉬어갈 수 있도록 의자도 구비되어 있고 무대도 만들어 놓았다. 배의 모형도, 그 옛날 돌다리의 모형도 만들어져 있는 이 쉼터는 더운 날에도 더운 줄 모르고 쉴 수 있는 곳이다. 그 그늘을 지나면 오솔길이 이어지고 길 왼편에는 방석과 부채를 만든다는 '부들'이 빽빽이 자라고 오른편에는 연꽃이 만발해있다. 한참 오솔길을 따라가노라면 어렸을 적 즐겨 불던 꽈리나무가 시선을 잡는다. 한참을 더 가다 보면 북한강과 남한강이 만나는 지점이 눈앞에 넓게 펼쳐진다. 꼭 바다처럼 느껴지지만, 공기의 산뜻함이 바다와는 아주 다른 느낌이다.

서울에서 한 시간 거리에 있는 이곳 세미원은 꽃향기 그윽하고 주로 수생식물이 많다. 하지만 그 외에도 팔괘담, 페리 기념 연못, 일심교, 모네의 정원에 이르기까지 교육, 역사, 문화의 향기가 넘치는 터전이라 하겠다.

물을 보며 마음을 씻고 꽃을 보면서 마음을 아름답게 가꾸라는 의미의 세미원. 세미원을 나설 때마다 그 문구를 다시 상기하며 자신을 돌아보는 세심원洗心苑이 된다.

네 잎 클로버

클로버가 지천인 개울둑은 보기만 해도 시원스럽다. 오늘은 특별히 이곳에서, 많은 시간을 보내게 된다. 네 잎이 똑 고르고 선이 뚜렷하고 탐스러운 것으로 고르다 보니 여느 때와 다르게 쉬 찾아지질 않는다.

얼마 전 막내아들이 연구원으로 있는 학교에 갔다. 건물과 건물 사이가 운동장으로 되어있지 않고 푸른 잔디와 클로버가 덮고 있었다. 아니, 클로버가 훨씬 많아 미풍에 일렁이는 모습이 너무 아름다웠다. 그곳은 일본인데도 자라고 있는 모든 종류의 풀들이 낯익은 것들이었다. 넓고 푸른 잔디와 클로버 사이로 오솔길이 구불구불 나 있고 맑은 물이 흐르는 넓은 도랑까지 있어 학교라기보다는 푸른 초원처럼 느껴졌다.

나는 물 만난 고기처럼 클로버를 헤집고 다녔다. 한 시간쯤 학교 나무그늘에서 시간을 보냈는데 내 손에는 네 잎 클로버가 여러 잎이 쥐어졌다. 그를 본 남편은 또 한마디 했다. '먼 타국까지 와서 네 잎 클로버를 찾느냐'고 했지만. 어느 때보다도 그 마음이 간절했다.

아들네 집에 들어서기가 바쁘게 책장에서 제일 두껍고 큰 책을 꺼냈다.

책갈피에 네 잎 클로버를 하나하나 반듯하게 넣었다. 아들 가족에게 행복과 행운이 함께하기를 간절한 마음으로 기원하면서. 이런 내 행동은 아이들을 키우면서 늘 하던 버릇이었다. 하지만 처음 보는 아들 내외는 이상하게 보였는가 보다. 지켜보고 서 있다가 왜 그러는지를 물었다.

"이제 행운은 너희들 것이야."

아들 내외는 알아듣지도 못하는 것 같았다. 한참 만에야 "고맙습니다. 잘 보관하겠습니다." 하며 따라 웃는다. 나는 조심스럽게 책을 덮으며 만족스럽게 웃었다. 그렇게 실없는 엄마 노릇을 하고 집에 온 지 며칠이 흘렀다.

막 시골집으로 떠나려는데 아들한테서 전화가 왔다. 가고 싶은 연구소에서 연구원을 채용하겠다는 공고가 인터넷에 올라왔다는 것이다. 자신이 할 수 있는 서류는 준비하겠으니 그 외의 것은 집에서 엄마가 오늘 다 준비해서 곧바로 연구소로 우송해 달라는 전화였다. 아들이 다니던 학교에서 제반 서류를 갖추어 석박사 논문과 함께 속달로 보내고 한낮이 조금 지나서 시골집에 왔다. 어쨌든 내려오려고 마음먹었던 일이지만 전화를 받는 순간 한 가지 목적이 내게는 더 생겼다.

우선 짐 꾸러미를 풀어 정리하고 군불도 한 아궁이 지펴놓고 서둘러 개울둑으로 나왔다. 조금이라도 빨리 네 잎 클로버를 뜯어야겠다는 생각에 마음이 급했다.

개울둑에선 흐르는 맑은 물과 올망졸망 놓여 있는 징검다리가 내려다 보인다. 시골에 올 때마다 이곳을 한 바퀴 돌며 습관처럼 네 잎 클로버를 찾았지만, 오늘은 마음이 특별했다. 이제껏 뜯은 것보다도 더 튼실한 것으로 찾아야겠다는 간절한 바람으로 나온 것이다. 그 마음이 강한 햇볕도 아랑곳하지 않고 정신을 집중해 조심스럽게 한 발 한 발 내딛게 했다.

나는 푸른색이 있는 곳이면 어디에서든 네 잎 클로버를 찾는 버릇이 있다. 참으로 오랫동안 몸에 밴 습관이다. 들길을 걸으면서도 잠시 앉아 쉬면서도 눈은 푸른색 위를 달리고 있다. 친구들은 그런 나를 놀린다. 앞에 있는 사람도 잘 못 알아보면서 네 잎 클로버는 잘 찾아낸다고, 아무려면 어떤가. 나는 클로버가 자라고 있는 곳을 보는 순간부터 즐겁다. 또 어렵게 찾았을 때의 그 기쁜 마음을 어떻게 표현하면 좋을까.

네 잎 클로버는 우리 집 어느 책갈피를 들추어도 만날 수 있다. 몇십 년을 뜯어 모은 나의 보배라고나 할까. 네 잎 클로버는 뜯을 때도 기쁘지만 책갈피에서 마주칠 때도 흐뭇하고 행복하다. 왜 그런 마음이 드는지는 나도 잘 모른다.

고등학교 시절, 어느 책에서 나폴레옹의 글을 읽은 뒤부터 내 마음은 그렇게 고정되어 버린 듯싶다. 총알이 날아오는 싸움터에서 언뜻 보인 네 잎 클로버가 너무 신기해 고개를 숙이고 막 그것을 다시 확인하려는 순간 총알이 머리 위로 날아가 살았다는 나폴레옹의 그 짤막한 글이 네 잎 클로버를 마음속의 마스코트로 만들어 버렸다. 남들은 어리석다고 웃을지 모르지만 내 생각은 변함이 없다.

드디어 튼실하고 잘생긴 네 잎 클로버 몇 잎을 찾았다. 네 잎이 똑 고르고 잎맥이 뚜렷한 네 잎 클로버다. 아들의 일이 잘 풀릴 것이란 믿음이 생긴다. 잰걸음으로 집으로 달려와 미리 준비해 온 논문집 갈피에 정성스럽게 한 잎씩 넣었다. 그리곤 보물인 듯 내 가방 속에 뉘어 놓는다.

순간 환하게 웃는 막내아들의 모습이 떠오르고 마음 가득 환희가 밀려온다.

음악을 사랑하는 사람들

N상가에서 옷을 고르고 있다. 그러나 손님을 반겨야 할 주인은 이웃 가게 사람들과 이야기에 정신이 팔려 물건 파는 데는 신경을 쓰지 않는다. 다른 곳으로 갈까 생각하다가 오히려 마음 놓고 고를 수 있으니 더 나을 것이란 생각이 들었다. 이것저것 뒤적이고 있는데 화제가 귀를 쫑긋하게 한다.

「신영옥과 시크릿 가든」 공연에 관한 이야기였다. 늘 생각하던 상가의 분위기와는 너무 다른 이야기에 호기심이 일었다. 아직도 어제의 감동이 가라앉지 않은 듯 이곳저곳에서 감탄의 소리가 이어졌다. '시크릿 가든의 연주는 환상 그 자체'라는 이가 있는가 하면 오랫동안 쌓인 스트레스가 한순간에 다 사라져버렸다는 이도 있다. 흥분되어 잠도 잘 수가 없었다면서 그 열정의 무대를 다시 한번 더 보았으면 좋겠다는 이도 있다. 모두 엊저녁 공연을 보고 온 감동으로 손님은 안중에도 없고 그들의 마음은 공연장에 가 있는 듯했다.

부담 없이 마음에 드는 옷을 구입할 수 있는 이 상가를 나는 가끔 찾는다. 옷 종류가 다양하고 저렴해서인지 언제나 사람들로 북적인다. 그러나 이따금 실랑이를 벌이기도 하고 무섭게 싸우기도 한다. 나 또한 값만 물어보고 나오다가 시비를 걸어와 당황했던 적이 있었다. 그렇다 보니 옷값을 물어보는 것조차 조심스러웠다. 하는 수 없이 멀리 서서 살펴보다가 꼭 마음에 드는 것이 있으면 달라는 대로 옷값을 주고 두말없이 돌아섰다. 간혹 입어보고 싶을 때가 있어도 눈치만 살피다가 용기가 나지 않아 '그냥 싸주세요' 하기 일쑤였다. 그만큼 인간미가 없는 사람들로 치부해 버렸다. 그런 내게 오늘 들려온 그들의 감동 어린 대화는 정말 의외였다.

나도 그들의 화젯거리가 된 그 공연을 어제저녁 보았던 터다. 막내아들을 결혼시켜 떠나보내는 어미 마음을 헤아렸던지 딸애가 불쑥 「신영옥과 시크릿 가든」 입장권을 내놓았다. 그 공연을 꼭 보고 싶었지만, 콩나물값만 계산하다 어물어물 예매 시기를 놓친 것이어서 참으로 반가운 선물이었다.

처음부터 「피오눌라 셰리」의 매혹적이고 열정적인 바이올린 연주에 나는 압도되고 말았다. 단 9명의 소그룹 연주가 관중을 사로잡고 있었다. 한 주자가 몇 개의 악기를 자유자재로 다루면서 자기들의 역량을 마음껏 발휘하는 대가들이었다. 미국 빌보드 차트 뉴에이지 부문에 무려 2년(101주)간 머무르는 대기록을 남긴 이들 다웠다. 감미로우면서도 열정적이고 호흡이 멎을 것 같은 느낌을 안겨주면서도 어느새 생동감을 불러일으키는 연주, 그들의 연주는 청중을 무아지경으로 빠져들게 했다. 전통적인 북유럽풍의 감성과 동양적 정서가 어우러진 신비에 찬 선율이 큰 감동으로 다가왔다.

소프라노 신영옥의 무대가 이어졌다. 청중 모두가 손바닥이 터지도록 박수를 보냈다. 워낙 좋아하는 세계적인 소프라노 가수인데다 '시크릿 가든'과 함께라는 생각에 진즉부터 흥분되고 있었다. '신이 내려준 천상의 목소리'라는 평이 노래를 들을 때마다 떠올려졌다. 그의 노래는 '시크릿 가든'의 북유럽풍의 곡에 더 어울리는 것 같았다. 우리의 가곡을 부를 때도 어느 오페라의 무대에서 느낄 수 없는 또 다른 감흥이 밀려왔다. 그의 노래에 흑인 가수 '마리아 앤더슨'의 노래가 겹쳐서 들리는 듯했다.

젊었을 적 시민회관 소강당 무대에서 흑인 가수 마리아 앤더슨을 만났었다. 그의 노래를 들으며 나도 모르게 흐느꼈다. 저 가슴 밑바닥을 훑는 호소력 있는 그의 노래는 흑인 노예들의 아픈 마음을 온몸으로 표출하고 있었다. 그 큰 눈망울을 굴릴 때마다 눈물이 뚝뚝 떨어질 것 같아 가슴이 저며 왔다.

얼마나 지났을까. 가게 주인은 내게로 시선을 돌렸다.

"그 옷이 마음에 드세요?"라며 내 손에 들려있는 옷을 본다.

"모두 그 공연을 같이 보셨나 보죠?"

나는 엉뚱한 대답을 했다.

"그런 공연을 자주 보는가 봐요"

그를 보며 재차 물었다.

"네 그래요. 우리는 좋은 공연이 있으면 언제나 함께해요. 음악은 살아가는데 활력소가 되지요. 물건을 판다는 게 어디 쉬운 일인가요. 언제나 스트레스를 받는 직업이니 어제처럼 멋진 공연이라도 봐야 살아갈 맛이

나죠. 시크릿 가든의 연주는 스트레스를 싹 날려 보낼 만큼 통쾌했어요. 신영옥의 노래도 그들의 연주 못지않았죠. 입장권이 좀 고액이라고 생각되었지만 역시 제값을 하네요."

묻지도 않은 말까지 줄줄이 엮어 나가더니 멋쩍은 듯 웃는다. 나는 할 말을 잊었다. 노래를 평하는 솜씨며 생각하는 마음이 보통 음악을 사랑하는 이들이 아니었다. 마음씨 또한 얼마나 고운가. 내가 생각하고 있던 그 반대의 모습이다.

가게를 나오면서 만감이 오간다. 나도 모르는 사이 가지각색 색안경을 쓰고 그들을 바라본 것이 아니던가. 복잡한 환경 속에 여유를 얻고자 애쓰고 밝게 살아가기 위해 마음을 다독이는 모습이 얼마나 아름다운가.

나를 돌아보게 된다. 옷으로 몸단장에 앞서 색안경부터 벗어 던져야 하지 않을까.

평양에서 온 아재

오빠! 아저씨! 외삼촌! 목이 터져라 부르지만, 아저씨는 손을 한번 번쩍 들어 보이면서 사라졌다. 어디 울부짖던 소리가 우리뿐이겠는가. 각양각색의 호칭으로 여기저기서 애절하게 불러대는 함성은 50년간 쌓였던 피맺힌 한을 토해내는 절규였다.

2박 3일의 짧은 만남, 반세기만의 만남인데 시간이 고작 이것밖에 허락될 수 없다니. 아직도 듣고 싶은 이야기, 하고 싶은 말들이 가슴속에 켜켜로 쌓여 있는데, 사상과 이념이 또 우리를 갈라놓고 마는 것일까. 다시 만날 약속도 못 한 채 그 무서운 형벌, 기약 없는 기다림을 다시 시작해야 한단 말인가. 아저씨가 사라져간 허공을 바라보며 차마 발길을 돌릴 수가 없었다.

보름 전이었다. 이산가족 2차 서울방문단 명단을 보면서 가슴이 메어왔다. 이럴 수가! 살아 계셨구나! 다시 보고 확인해 봐도 틀림없는 5촌 당숙의 이름 석 자였다. 순간 한평생을 정화수 떠 놓고 소식 없는 아들이 살아 돌아오기만을 빌고 또 빌던 작은할머니의 모습이 떠올랐다. 가엾은 할머니. 3년만 더 살아 계셨어도 단 하나뿐인 당신의 아들을, 꿈에도 그리던 그 아들을 만날 수 있었을 텐데. 89세까지 사셨는데, 야속하게도 3년을 더 못 기다리셨을까. 오매불망 아들의 소식만을 기다리던 할머니다. 집 앞에 까치만 와서 울어도 우리 아들 소식 좀 가져오라며 통곡하셨고 한밤중 바람에 가랑잎 구르는 소리만 들려와도 한달음에 달려 나가 아들의 이름을 부르시던 할머니께 이 기쁜 소식을 전해드릴 수 없으니 안타깝고 답답했다.

마음을 진정시키면서 하나밖에 없는 당숙의 여동생 당고모에게 전화를 걸었다. 당고모도 신문을 보고 적십자사에 확인 전화를 하다가 쓰러져 방금 의사가 다녀갔다며 며느리가 대신 전화를 받는다. 그러잖아도 전화하시려던 참이었는데 어머님이 걱정되니 빨리 좀 와 달라며 울먹였다. 왜 안 그렇겠는가. 유복자로 태어나 오빠를 아버지처럼 의지하며 15살까지 살다가 어느 날 갑자기 바람처럼 사라진 오빠, 50년을 생사조차 모르던 오빠가 살아 있고, 또 만나게 된다는 그 엄청난 사실 앞에 혼절하지 않을 사람이 어디 있겠는가. 당고모 집으로 달려가면서 흐르는 눈물을 주체할 수가 없었다.

5촌 당숙, 당고모, 촌수가 그렇다는 것이지 우리는 태어날 때부터 이웃에서 한 가족처럼 살았다. 오빠가 없는 나는 5촌 당숙을 아재라 부르며 몹시도 따랐고, 하나뿐인 아재의 여동생 당고모 역시 나와는 한 살 차이긴 하지만 초등학교 동창인 데다 친구처럼 형제처럼 싸움 한번 하지 않고 다정하게 지냈다. 숙제나 어른들의 심부름도 늘 같이하다가 잠시만 안 보여도 서로 찾느라 아래 윗동네를 헤매고 다녔었다. 아재는 늘 공부를 잘해 우리 집안에서만이 아니라 마을의 자랑거리였다. 하지만 시골인데다 집안이 가난하여 진학을 못 하자 혼자서 도시로 나아가 낮에는 일하고 밤에는 야학에 다니며 공부하느라 방학이 돼야 하루 이틀 집에 다녀가는 것이 고작이었다. 그런데도 고모와 나는 방학만 되면 마을 어귀 아카시아 나무 밑에서 행여나 아재가 오지 않을까 해가 넘어가고 깜깜할 때까지 기다렸다.

아재가 집에 온 날은 당고모와 같이 세상에서 제일 멋져 보이는 교복을 입은 아재 뒤를 졸졸 따라다녔다. 전깃불이 도깨비불처럼 반짝인다는 도시의 이야기를 무슨 마술이야기인 양 신기해하며 한 번만 그곳에 데려가 달라고 조르기도 했다. 그러나 혼자서 훌쩍 떠나는 아재를 바라보며 눈물을 흘렸다. 그렇게 공부하고 일하느라 일 년에 몇 번밖에 오지 못했으니 6.25가 나고 소식이 끊겨도 늘 그랬던 것처럼 언젠가는 돌아오겠지 했었는데 그 기다림의 세월이 50년이 되었다. 작은할머니는 딸네 집에서 딸만을 의지하며 평생을 사시다가 3년 전에 눈도 감지 못한 채 돌아가셨다.

8월 15일, 이산가족이 만난다고 세상이 떠들썩할 때 돌연 아저씨 생각이 났다. 요즈음 같은 세상에 편지를 써 인터넷에 올리면 행여 어디에선가 볼지도 모른다는 엉뚱한 생각에 나는 편지를 쓰기 시작했다. '제 마음속에는 만년 20살 멋진 청년으로 계신 아저씨께 환갑이 넘은 조카가 편지를 띄웁니다.' 이렇게 서두를 써 놓고 더는 써 내려갈 수가 없었다. 살아 계셨다면 그 많은 세월이 흐르도록 생사조차 알려올 수 없었을까. 잊어버리자. 지워버리자. 기적이 일어난다 해도 믿을 수 없는 일이었다.

그 믿지 못할 기적은 일어났고 우리는 만났다. 그러나 꿈에서 뵌 것처럼 허망하게 막이 내려졌다. 한 가족 형제자매가 50년 만에 만났다 헤어지는데 가지 말라고 잡을 생각도, 다시 만나자는 약속도 못 했으니 이보다 기막힌 일이 어디 또 있겠는가. 하지만 살아계심을 알게 된 것만도, 또 아들이 어머니 제사를 모셔갈 수 있었으니 그 일만으로도 만족해야 한다며 통곡하는 당고모를 달래야 했다.

눈물과 흥분 속에 얼마나 급히 만나고 헤어졌는지 금방 헤어진 아저씨의 모습이 아른거리며 잘 떠오르지 않는다. 다만 몇 마디의 말씀이 자꾸 머리를 스치며 마음을 어지럽히고 있다.

아저씨는 평양시에서 살고 있다고 했다. 100여 평 채마밭에 닭과 오리를 키워 고기반찬을 만들고, 또 여러 가지 채소도 가꾸어 자급자족하고 식량은 나라에서 배급을 주니 "우리는 잘 살어야, 조금도 걱정 말라우야."라고 했다. 작은할머니 제삿날이 아직 40여 일이나 남아있는데 그때에야 평양 시내에 사는 6남매의 가족 모두 불러 이 선물 가방을 개봉할 것이라고도 했다.

선물은 절대 안 가져간다며 호기를 부리시던 분이 막상 떠날 때는 두 가방 가득 채우고 남은 몇 가지까지 챙기셨다. 안경을 맞춰 씌워 드리니 "야 잘 보인다. 저기 글씨도 잘 보여야"라고 하며 기뻐하셨다. 남은 안경집, 볼펜 몇 자루까지 주머니에 넣어드려도 마다하지 않으시던 아저씨! 선물을 좀 더 챙겨오지 못한 것이 못내 아쉬웠다. 이런 말도 하셨다. 이번에 가면 직장도 연사 노릇도 다 그만 둘란다. 건강이나 지켜야 하겠다며 말끝을 흐리셨다.

아저씨는 무슨 생각을 하며 돌아가셨을까. 우리도 가엽게 보였을까. 아니면 있는 그대로 느끼고 가셨을까. 꼭 다시 만날 날이 오리란 확신을 가져보자며 나는 당고모의 손을 잡고 발길을 돌렸다.

무엇을 남길 수 있을까

사진첩을 뒤적이다 시선이 한곳에 멈춘다. 모두가 흰 상복을 입고 있다. 어머님 삼우제를 지내고 나서 찍은 사진이다.

91세에 우리 곁을 떠나셨으니 벌써 28년이란 세월이 흘렀다. 인자하시던 모습이 떠오른다. 어머님은 늘 마산 큰집에 계셨다. 어쩌다 서울 우리 집에 오셔도 보름이 멀다 하고 모셔갔다. 동생인 우리 집에 계시는 것도 객지라는 큰아주버님의 말씀이다. 어머님에게 향하는 그분의 효심을 알고 있으니 서운하다는 말조차 못 하고 보내드렸다. 그 마음 또한 떠나실 때까지 한결같아 형제간의 우애 또한 남달랐다.

어머님이 돌아가시기 두 해 전 어느 초여름이었다. 큰아주버님 내외분이 갑자기 어머님을 모시고 우리 집에 오셨다. 무슨 일인가 싶어 눈치부터 살폈다. 집을 나서다 마음을 바꾸게 되어 연락도 못 하고 왔으니 놀라지 말라며 형님은 내 손을 잡았다. 내외분이 미국 둘째 아들네 집에 가는 길이라 했다. 떠나오기 바로 직전까지도 며느리에게 할머니를 잘 모셔야 한다고 이것저것 일러놓고 집을 나섰다고 했다. 막상 대문을 나서려니 연로하신 어머님을 나이 어린 며느리가 잘 모실 수 있을까 걱정되어 도저히 발길이 떨어지질 않았다. 다시 들어가 급하게 모시고 오게 되었다며 이제 편한 마음으로 다녀오겠다고 서둘러 비행장으로 떠나셨다.

어머님이 90을 넘어 사셨어도 100여 일을 모셔보기는 그때가 처음이고 또 마지막이 되었다. 다음 해 봄 편찮으시다는 연락을 주중에 받았다. 하지만 즉시 달려갈 수가 없었다. 남편이 고등학교 3학년을 맡고 있어서 토요일 수업을 마친 뒤에야 떠날 수 있었다. 쉬지 않고 달려갔는데도 밤 11시가 되어 도착했다. 대문을 들어서는데 독경 소리가 들려와 무척 놀랐다. 방으로 들어가니 어머님은 눈을 감은 채 숨을 크게 몰아쉬며 누워 계셨고 형님 내외분과 스님이 경문을 읽고 있었다.

우리가 도착한 지 2시간 만에 어머님은 가쁜 숨을 거두셨다. 말씀 한마디 없이 떠나셨다. 편찮으시다고 했지만 이렇듯 허무하게 떠나실 줄은 몰랐다. 의식이 있을 때 찾아뵙지 못해 더욱 설움이 북받쳤다. 어머님은 무의식 속에서도 우리 내외를 기다렸다는 형님의 말씀이었다. 숨을 몰아쉬며 견디신 지 꼬박 이틀이 되었다고 했다.

"자네들을 기다리신 거야"

낮에도 숨이 멎어 가족을 모두 불러들이며 야단법석이었는데 한참 만에 숨을 길게 내쉬며 다시 숨을 쉬셨다. 그 뒤로는 안타까울 정도로 숨이 더 가빠지셨는데 이제 마음 편히 떠나신 것이라며 오히려 우리의 마음을 다독여주셨다.

고향에 가면 지금도 우리 어머님을 기억하는 분들이 많다. 기억뿐 아니라 집안이 무고한 것도 어머님 덕분이라 하고, 고속도로에서 빙판에 차가 뒤집혀 찌그러진 속에서도 다친 사람이 없으니 그것도 어머님이 돌봐 주셨다고 했다. 아이들이 대학에 합격해도 어머님 덕분이고 집안의 화목, 형제간의 우애가 남다른 것도 그분의 은덕이라고 사람들은 입을 모아 어머님을 칭송한다. 그런 말을 들을 때마다 그리움이 밀려오지만 내가 가장 부럽게 생각되는 것은 어머님이 남기고 가신 삶의 흔적이다.

새삼 어떻게 살 것인가를 고민하게 된다. 남편의 형제가 다섯 분인데 부모님은 맏자식이 꼭 모셔야 한다며 평생 어머님을 모시고 사신 큰아주버님 내외분을 마음으로부터 존경한다. 시어머님 역시 돌아가신 뒤에도 사람들로부터 칭송받는 분이니 나는 그분들을 우러를 뿐이다. 욕심 같아선 모두를 아우르는 내가 되고 싶지만, 아무것도 해놓지 못한 채 세월은 자꾸 가버린다.

위대한 지휘자

가만히 귀 기울이면 들을 수 있는 소리, 그 아름다운 하모니에 취해 한없이 들녘을 걷고 있다.

오랫동안 합창을 하면서 하나의 소리보다 합성된 소리를 더 좋아하게 되었다. 여성합창단의 곱고 부드러운 소리도 아름답고, 남성합창단의 힘찬 화음도 벅차도록 가슴을 파고든다. 소년소녀합창단의 합창 소리는 힘차고도 고아 내 마음마저 맑아진다.

20여 년 전, 권유에 못 이겨 덕성여대 평생교육원 합창반에 등록했다. 노래를 잘 부르지도, 별 취미도 없는데 그런 것 따질 겨를도 없이 등 떠밀려 등록을 한 것이다. 첫 시간부터 잘못 왔다는 생각이 들었다.

"본인 사망 이외엔 출석".

첫날 교단에 선 지휘자가 자신을 소개하고 난 후 한 말에 숨이 막혀왔다. 그 한마디는 큰 교실을 가득 메운 수강생들을 압도하고 있었다. 그렇게 험악한 한마디로 시작은 되었지만 어떤 힘에 끌렸던지 합창은 20년이 지나도록 계속했다. 70여 명의 단합된, 아니 훈련된 화음에 차차 매료되어갔다. 처음 선생님의 지휘봉이 낯설어 제대로 음을 잡지 못했다. 하루

200분 수업에 수없이 야단을 맞았고 '그 소리가 아냐.' 호통치는 소리를 들으며 연습에 연습을 거듭했다. 하지만 워낙 많은 시간이 흐르다 보니 모든 것이 해결되었다. 해가 갈수록 일주일에 한 번 연습이 아쉬웠다. 단원들을 보고픈 마음도 생겨 그 시간을 기다리게 되었고 혼신을 기울여 지휘하는 선생님을 존경하게 되면서 서서히 지휘봉에 길들었다.

건강 때문에 몸담았던 합창단을 그만둔 지 1년이 되었다. 처음에는 시작할 때보다도 더 진한 가슴앓이를 했다. 정말 견디기 힘들 때는 우리가 부르던 합창곡을 찾아 들으며 마음을 달랬다. 그래도 허전해 견딜 수가 없었다.

합창 소리가 그리웠던 그해 가을 어느 날이다. 마음이 울적해 들녘을 걷다가 참으로 아름다운 소리를 듣게 되었다. 아주 작은 소리여서 귀 기울여야만 들을 수 있었다. 산과 들, 만물이 결실을 보는 가을 들녘은 멋진 화음으로 가득 차 있었다. 모든 생물이 살아 있음을 각각의 음률로 표현하는 것이라 생각되었다. 그 절묘한 소리 하나하나를 알아내기 위해 한없이 들녘을 거닐었다.

벼 이삭이 살랑대며 속삭이는 소리, 멀리 언덕에서 갈대의 하늘거리는 소리, 나뭇잎 부딪는 소리도 멋진 화음으로 내게 왔다. 그뿐일까. 돌돌 흐르는 개울물, 백로의 시원스러운 날갯짓, 풀벌레 울음, 작은 풀들이 발밑에서 아우성치는 소리도 조화를 이루었다. 산과 들, 골짜기를 휘돌아 나오는 아름다운 소리가 들에 넘쳤다.

벼 이삭이, 나뭇잎이, 갈대의 손짓이, 모두가 바람으로 인해 부딪는 소리였다. 작은 소리가 합쳐져 신비스러우리만치 하모니를 이루고 있음을 아는 순간. 이 아름답고 조화로운 화음을 이끌어가는 지휘자를 드디어 찾아냈다.

위대한 지휘자! 당신은 바로 '가을바람'이었다.

탄생목 오동나무

어릴 적 시골집에는 오동나무 두 그루가 나란히 서 있었다. 같은 날 심어 쌍둥이처럼 자랐다. 할아버지는 그 나무에 유난히 정을 쏟으셨고 나무도 그 마음을 아는지 미끈하게 잘 자라 주었다.

지나는 사람마다 나무 중 신사라고 칭찬할 만큼 돋보이는 나무였다. 가지를 넓게 벌리고 하늘을 찌를 듯 서 있는 모습이 수문장처럼 보인다고도 했다. 늦봄이면 보라 꽃을 피워 그 향기가 뒷동산에 올라서도 느낄 만큼 멀리 퍼졌다. 여름 내내 그늘을 드리우고 있어 그 밑에서 공기놀이, 사방치기, 줄넘기를 하며 놀았다.

맏손녀인 내가 태어난 해에 탄생목으로 오동나무 한 쌍을 심으셨다고 했다. 손녀 시집보낼 때 장롱을 만들어 줄 생각으로 키우면서 오죽이나 공을 들였겠는가. 나무가 잘 자라도록 나무 밑에 퇴비도 묻어주었고 주변에는 풀 한 포기 자라지 못하도록 신경을 썼다. 겨울엔 나무가 동상이 걸릴 것을 염려해 짚을 엮어 밑동을 몇 겹씩 둘러주셨다. 할아버지는 날마다 오동나무를 안아보고 나뭇잎을 올려다보며 건강을 점쳤고, 내게도 사랑하는 마음으로 늘 안아주라고 하셨다. 어렸을 때는 아기처럼 안기던

나무가 어느 땐가는 한 아름이 되어 정말 친구처럼 생각되기도 했지만, 오동나무는 금세 나의 팔이 작아지는 듯 쑥쑥 커갔다.

내가 22살이었을 때 별안간 이사하게 되었다. 7남매 중 위로 셋은 이미 학교 때문에 서울에 와 있었으니 할아버지와 어머니 그리고 어린 동생 넷이 더 합치게 된 것이다. 할아버지는 집을 팔며 오동나무 때문에 많이 망설이다가 이삼 년만 더 키워달라는 조건으로 계약을 했다. 떠나오는 날도 새 주인에게 다시 부탁하고 오면서도 꼭 자식을 떼어놓고 온 마음이라고 돌아보고 또 돌아보며 한숨지으셨다.

오동나무는 아주 어려서부터 옆으로 나오는 가지를 쳐줘야 재목감으로 자란다는 것이다. 옹이가 있는 나무는 좋은 재목이 못 된다고도 하셨다. 가볍고 단단하고 오랜 세월이 흘러도 좀이 좀 슬지 않는 것이 오동나무의 특징이라 했다. 옛날부터 가구를 만드는데 가장 많이 쓰였던 나무가 오동나무였고 비단옷은 꼭 오동나무 장에 넣어두었다. 할아버지 방에 작은 문갑도 오동나무로 만든 것이라 했는데 그 안에는 책력과 여러 종류의 붓과 한서들이 들어 있었다. 세월이 흘러도 변질이 없다며 중요한 것은 모두 그 문갑에 넣어두셨다.

할아버지는 서울에 와서도 늘 오동나무를 잊지 못했다. 빨리 시집을 가라며 성화셨다. 이사 온 지 3년쯤 되었을 때 동문회가 있어 고향에 갔다가 기막힌 소식을 들었다. 우리 옛집이 주인이 또 바뀌면서 집을 헐고 새집을 지었다고 했다. 오동나무도 그때 베어냈다는 것이다. 나는 오동나무가 잘렸다는 말을 들으며 무심중에 내 목을 감쌌다. 할아버지가 떠올랐다. 아무 말도 할 수가 없었다. 내 마음이 이럴 진데 그 소식을 할아버지께 전할 수가 없었다. 사정을 모르는 할아버지는 내 신랑감을 물색해 놓고 빨리 시집가라는 말만 되풀이하셨다.

그 무렵에는 포마이카 장이 유행이었다. 핑계를 만들었다. 세상이 많이 달라져 오동나무로 장을 만들지 않는다며 마음에도 없는 거짓말을 했다. 다행히 우리 집에서 멀지 않은 곳에 가구점이 있었다. 할아버지와 지나갈 때는 유난히 윤택이 나는 포마이카 장을 좋다고 만져보기도 하고 값을 물어보기도 하면서 할아버지 눈치를 살폈다. 아무 말씀 없으셨지만 변해가는 세월에 순응하시는 것 같았다. 얼마 있다가 구실 하나를 더 만들었다. 고향 읍내의 맞춤 장롱 방도 없어졌다는 말을 그 이웃에 사는 사람에게 들었다며 오동나무에 대한 미련을 모두 버리시도록 했다.

지금 내 방에는 호두나무 장이 자리하고 있다. 물론 할아버지가 그토록 해주고 싶던 오동나무 장은 아니다. 겉은 호두나무로 만들었지만, 다행히 안쪽은 오동나무로 되어있다. 나는 장문을 여닫을 때마다 할아버지를 생각한다. 당신의 손녀가 좀이 슬지 않는 오동나무처럼 굳건히 살기를 원하셨을 할아버지.

내게는 세상에서 가장 자상하고 정을 많이 주셨던 할아버지께 거짓말을 했던 일이 늘 마음에 걸린다. 하지만 돌아가실 때까지 오동나무가 건재한 줄 알고 가셨으니 그것으로 내 마음을 위로한다.

혼자만의 음악실

음악이 집안 가득 흐른다. 명쾌한 리듬이 좋다. 볼륨을 높이고 노래를 따라 부르면 고갯짓이 절로 나온다. 어느새 바뀌어버린 내 몸짓에 스스로가 놀란다. 부엌은 아무도 간섭하는 이 없는 공간이며 내 작은 음악실이다. 일을 하면서 힘들지 않은, 혼자이면서 혼자가 아닌, 그런 분위기를 이끌어내는 음악을 들으며 나도 모르게 마음을 추스른다.

겨우내 병원을 들락거리다 보니 누울 자리만 보였다. 입맛도 뚝 떨어졌다. 끼니때마다 억지로 먹으려고 애쓰지만, 그것도 쉬운 일이 아니었다. 몸도 마음도 방바닥에 들러붙은 듯 움직이기조차 싫었다. 어머니가 그리웠다.

어렸을 때다. 어머니를 도와 부엌 아궁이에 불을 땔 때면 어머니는 언제나 노래를 부르라고 했다. 네 고모는 아궁이 앞에만 앉으면 노래를 잘도 불렀는데 너는 노래도 할 줄 모른다고 핀잔이셨다. 네 고모가 시집가고 나니 부엌이 적막강산이다. 노랫소리를 들으면 일할 때 힘이 생기고 시간 가는 줄도 몰랐는데, 어머니는 푸념처럼 한마디씩 하셨다. 그 마음을 알고 나니 어머니를 위해서라도 노래를 불러야 했다. 알고 있는 노래는 모조리 찾아 불렀다. 어머니는 또 한마디 곁들였다. 네 고모처럼 부지깽이로 장단을 맞추며 부르라는 것이다. "노래를 맹숭하니 부르면 무슨 재미가 있느냐"고 하면서….

어머니 말을 따라 부지깽이로 부뚜막을 두드려 봤다. 어딘지 어색하고 부끄러웠지만, 눈을 딱 감고 용기를 냈다. 하루 이틀 장단을 맞추며 노래를 부르다 보니 조금씩 익숙해졌다. 어머니도 조그맣게 따라 부르니 나는 더욱 신명이 났다. 부지깽이로 부뚜막을 열심히 두드려대고 나는 소리 높여 노래를 불렀다.

"노래 부르는 것도 내림이구나. 네 고모가 시집가고 부뚜막 신세가 좀 펴졌나 했더니 또 고달프다고 하겠다."

할아버지가 마당에 계시다가 부엌에 대고 하시는 말씀이었다.

"봐라, 할아버지도 네 노랫소리가 좋아서 하시는 말씀이다."

어머니가 내 귀에 대고 소곤거리셨다.

부지깽이 장단을 생각하며 음악에 맞춰 몸을 빠르게 움직인다. 음악을 듣는 내 몸짓이 하루가 다르게 바뀌어 갔다. 거기에 익숙해지니 몸도 마음도 제자리를 찾아가는 듯 가벼워졌다. 노래를 들으며 일을 하면 힘들지 않다는 어머니의 말씀이 마음을 추스르는 명약이 되었다. 또한 음악에 맞춰 손을 놀리다 보면 어느새 하던 일이 끝나버렸다.

홈드레스가 거추장스럽다. 뒷전으로 밀려났던 옷들을 꺼내 이것저것 들춰본다. 예쁜 옷이지만 나이 들어가면서 차마 입지 못하고 버리기도 아까워 눈에 띄지 않는 곳에 깊이 넣어둔 것들이다. 간편하고 예쁜 것을 골라 입는다. 밝고 짧은 옷으로 바꿔 입으니 마음이 가뿐하다. 얌전치 못하고 나이에 어울리지도 않겠지만 체면 같은 것 생각하지 않기로 했다.

요즘은 팝송과 행진곡을 많이 듣는다. 행진곡이 나오면 두 팔을 휘저으며 씩씩하게 걷고, 팝송이 흐르면 춤을 춘다. 어렸을 적 부지깽이로 장단을 맞출 때 처음은 쑥스러워 망설였지만 몇 번 두드리다 보니 금세 익숙해졌다. 춤이 별것이던가. 리듬에 맞춰 몸을 흔들면 되는 일이다. 못 춘다고 탓할 사람도 없다. 내 기분에 따라 손과 발, 몸을 움직이다 보면 그것에도 익숙해지리라. 명쾌하고 신나는 음악은 내 마음을 더욱 강건하게 만들어갈 것이다.

거울 앞에 서 본다. 내 생각과 행동이 달라지면서 어떤 모습으로 변해가는지 눈으로 확인하고 싶다. 오히려 짧은 반바지가 정신을 번쩍 들게 한다. 요즈음 젊은이들의 짧고 하늘거리는 옷차림을 부러운 눈으로 바라만 보았다. 이런 차림으로 밖을 나서지는 못하겠지만 나만의 공간이 있어 맘껏 자유롭다. 혼자만의 작은 음악실에서 하루하루 건강을 다져가고 있다.

강물에 잠긴 불빛과 자동차 행렬의 불빛이 나를 사로잡는다. 물에 비친 모양은 멀고 가까움에 따라 각기 다른 모양의 그림을 그리고 있다. 산사의 불빛을 닮았는가 하면 대나무 숲을 그려낸 듯 아련하기도 하다.

| 박성숙 수필선집 |
향기를 수놓다

향기를 수놓다

초판 발행일 | **2023년 3월 25일**

지은이 | **박성숙**

편집 | **강미애**
표지 | **백선욱**

발행인 | **김미희**
펴낸곳 | **몽트**

등록 | **2012. 12. 20 제2014-0000-38호**
주소 | **안산시 상록구 화랑로 513**
전화 | **031-501-2322** 팩스 | **031-501-2321**
메일 | **memento33@menthebooks.com**

값15,000원
ISBN 978-89-6989-0849 03810